V. ARMAND NOUATIN

Devenez Riche avec les Clés des Trésors Divins

V. ARMAND NOUATIN

Devenez Riche avec les Clés des Trésors Divins

La connaissance ouvre les portes de la prospérité financière pour tous

Éditions Vie

Imprint

Cover image: www.ingimage.com

Publisher:
Éditions Vie
is a trademark of
Dodo Books Indian Ocean Ltd. and OmniScriptum S.R.L publishing group

120 High Road, East Finchley, London, N2 9ED, United Kingdom
Str. Armeneasca 28/1, office 1, Chisinau MD-2012, Republic of Moldova, Europe
Printed at: see last page
ISBN: 978-613-9-59298-2

Devenez riche avec les clés des Trésors Divins

Par

V. Armand NOUATIN

Contenu

Dédicace

Je dédie ce livre précieux à tous ceux qui aspirent à la richesse car je voudrais leur déclarer qu'ils sont déjà riches car étant une créature parfaite de Dieu .Dieu a créé tout ce qui existe sur la Terre et dans l'univers pour la créature humaine afin qu'elle jouisse abondamment des trésors Divins. Oui en effet je suis et tu es une perle divine et tu possèdes les clés des Trésors Divins .En effet Dieu t'a remis les clés et c'est à toi et à toi seul d'en faire un bon usage.

Je dédie spécialement ce livre à ma famille, mes tendres épouses Bintou et Rabia et à mes enfants Rouhani, Jamal, Kamila, Kamal et à Jabir. Ce livre est un précieux héritage que je leurs laisse. C'est également pour tous ceux que j'appelle affectionnément mes filles et fils. Prenez ce livre en témoignage de mon amour et de mon affection comme un trésor que votre papa vous a offert. Suivez ses recommandations scrupuleusement et vous obtiendrez l'épanouissement spirituel, physique et financier. Ce livre doit vous guider chaque jour et vous permettre de bâtir votre propre richesse, de la protéger, de la multiplier, de la conserver et de produire des puits intarissables pour les générations futures. Oui le Futur, il faut l'inventer et le construire maintenant. Soyez des ingénieurs, des inventeurs et soyez aux services du monde. Ayez un impact positif dans la vie des gens .Répandez la joie et le bonheur dans la vie de votre communauté. Soyez celui ou celle apporte sa contribution à l'amélioration du monde. Plus vous aurez d'impact et plus vous deviendrez riche ! .Je vous aime.

Introduction

Bien souvent, il arrive que nous oublions notre vrai nature et nous ne savons pas réagir convenablement aux vicissitudes de la vie .Il arrive encore que nous ne retrouvions pas nos repères et nous nous demandons souvent : quel est mon but véritable sur cette terre ? Qui suis-je ? Comment trouver le chemin qui mène au bonheur ? .Toutes ces interrogations surviennent parce que nous avons oublié notre origine divine .Nous avons oublié que nous émanons de l'Etre Suprême qui fait vivre l'univers. Tu es la plus belle créature de Dieu sur terre. Tu es cet être que Dieu a créé avec originalité et tu es spéciale .L'amour que Dieu te porte est immense, tellement immense que les mots ne sauraient le décrire. Rappelle-toi quand tu n'étais pratiquement qu'un minuscule être de rien dans le sein de ta mère et que Dieu a fait jaillir une créature extraordinaire avec des beaux yeux qui admire le monde externe après un beau séjour de neuf mois dans l'utérus béni de ta maman .Dieu a dit qu'il faut que tu viennes apporter au monde ta lumière et il faut que cette lumière brille et éclaire tes semblables afin que tout ton être exprime les qualités et les vertus divines .A ta naissance ,tu as apporté la joie au sein de ta famille ,les cœurs palpitaient de joie à l'arrivée de cette créature lumineuse que tu es et tu as droit à tout le bonheur du monde .Et donc proclame sans cesse les louanges de Dieu qui a fait de toi une créature non seulement dotée de jolis yeux mais également d'une bouche qui te sert à parler ,à manger ,à boire ,à chanter et à louer...Oui proclame sans cesse les louanges de Dieu qui t'a donné des oreilles pour entendre grâce à des systèmes auditifs complexes. Oui proclame sans cesse les louanges de Dieu qui t'a donné des mains pour écrire ,pour travailler ,pour prendre des objets ,pour saluer ,pour étreindre ton semblable dans tes bras .Oui proclame sans cesse les louanges de Dieu qui t'a donné des pieds pour marcher ,pour courir ,pour sauter et pour faire plein de choses que tu ne peux imaginer .En cela tu es si spécial que tu ne dois que Le glorifier sans cesse et t'émerveiller devant sa grandeur et sa splendeur .Ne te dévalorise jamais ! Ne laisse pas l'occasion aux autres de salir ton honneur car tu es une perle divine.

Chapitre 1 : Je suis une belle créature divine

Il n'y a plus de raison que l'être humain s'apitoie sur son sort car la créature divine possède toutes les qualités nobles qui lui garantissent le succès dans tout ce qu'il entreprend .Se rappeler sans cesse de cela est pure délice. La créature humaine est le serviteur du Divin et en tant que serviteur, il marche avec assurance et convaincue qu'il est sous la protection divine .Sa démarche sur Terre est empreinte d'humilité et de Sagesse .Il est une quiétude pour son entourage et cherche à impacter positivement son entourage .Vous devez proclamez sans cesse : Je suis une belle créature divine ! Je suis une perle divine ! Ma vie est remplie de grâces et j'attire vers moi le bonheur et la richesse ! Ne laissez personne ternir cette image de vous car vous avez été créés de la plus belle forme avec la plus belle intelligence. Certaines qualités sont indispensables pour faire rayonner l'étincelle divine enfouie en vous. Cette étincelle est sur cette terre pour accomplir une mission bien déterminée c'est pourquoi ses qualités aussi reflètent les plus beaux attributs de Dieu .L' être qui comprend ces dimensions de sa personnalité a saisi une anse solide de l'humanité et s'attire les bénédictions et les faveurs divines .Le Divin lui ouvre les portes du succès et de la Richesse abondante comme un puits inépuisable qui va servir à nourrir plusieurs générations.

Section 1 : La Sagesse et la justice divine

La créature divine est une perle remplie de sagesses. Elle aime la sagesse et la sagesse l'aime également. La sagesse est l'ensemble des paroles divines qui purifient l'âme et renforcent l'esprit de l'Homme. Cette sagesse est puisée dans la révélation divine et dans l'inspiration divine pour pousser l'être humain à incarner les meilleures qualités de la vie .Elle lui évite de tomber dans les ruses des diables et de la bestialité.

La sagesse lui sert de guide vers le chemin de la réussite. En réalité la Sagesse divine est la guidance de l'homme qui cherche à construire une société de paix dans laquelle règne l'harmonie, l'entraide et la solidarité. Dans proverbe ,le Roi Salomon disait que : « la crainte de Dieu est le commencement de la sagesse ».Celui ou celle qui aime son Seigneur est celui ou celle qui cherche à faire la volonté Divine sur la Terre en améliorant chaque jour sa personne et en se mettant au service de l'humanité. Dans la sagesse ,ressort l'humanisme qui est la qualité du serviteur tourné exclusivement vers la compassion envers ses semblables .L'humaniste sage est celui ou celle qui a compris que les êtres humains sont des frères et sœurs sans distinction de race et de religion avec des diversités culturelles propres à chaque peuple et que ces différences constituent des beautés partagées et que la meilleure des créatures est celle qui est la plus serviable de l'humanité et qui a la crainte de Dieu dans tout ce qu'elle accompli .Mais celui ou celle qui est sage est tourné exclusivement vers le désintéressement lorsqu'il rend service à son prochain car toute action de bienfaisance est récompensée par le Divin.

La justice divine est le principe qui régente l'univers tout entier .Non seulement la créature de Dieu croit en cette justice mais elle se défend de commettre toute injustice envers ses semblables .La justice divine est le fondement même de l'existence divine, de la croyance en Dieu qui pousse l'homme quelques soient ses croyances à être juste dans la société. Chaque créature divine doit être consciente alors qu'il doit combattre toutes les formes d'injustices sur la terre car c'est son devoir de recommander le bien et d'interdire le mal. C'est cela même la caractéristique première que le serviteur de Dieu doit revendiquer. Donc sera qualifié de juste, celui qui recommande le bien et interdire le mal.

Mais qu'est-ce exactement recommander le bien et interdire le mal ? En réalité ,cela signifie aimer ce que Dieu aime et détester ce que Dieu déteste .Lorsque le serviteur de Dieu aime ce que Dieu aime ,il acquiert la lucidité dans tout ce qu'il entreprend en veillant à ce que ses convictions profondes aux valeurs et aux qualités divines ne puissent pas être trahies ou corrompues devant les biens matériels .Il sait rester inébranlable dans sa défense de la vérité et fait triompher la cause juste .Par exemple ,il ne fait pas de faux témoignages sur quelqu'un car le faux témoignage attire la colère divine .Par contre ,détester ce que Dieu déteste ,c'est s'opposer à toutes les formes d'oppressions et de tyrannies sur Terre et ne pas accepter l'injustice dans sa communauté car l'injustice crée l'effondrement de la société entière.

Section 2 :L'intégrité et le respect

Intégrité

La société est de plus en plus menacée par la corruption et le détournement des biens publics et par des arnaques .L'homme de Dieu ne s'enrichit pas en dérobant les biens d'autrui mais plutôt tire sa rémunération du fruit de son travail ou du service qu'il rend à sa communauté. L'intégrité est sublime car le serviteur de Dieu est conscient que sans l'intégrité, il ne pourra pas goûter aux délices de l'Eternel car Dieu est intègre et aime que son serviteur le soit également. L'une des conséquences de l'intégrité dans la société est qu'elle préserve la société de la corruption et de la décrépitude .Une société sans intégrité est vouée complètement à l'échec car l'homme devient ainsi une menace pour son semblable. Pour renforcer ses qualités divines, l'être humain doit toujours se tourner vers le fruit de son travail et ne pas prendre les biens d'autrui car tout bien d'autrui est assimilable à un poison qui empêche le serviteur de dormir tranquillement. Alors que l'une des caractéristiques du serviteur de Dieu est qu'il est en sérénité quand il se repose et que cette sérénité lui donne l'assurance totale qu'il a protégé les biens de son voisin ,de sa société en se concentrant sur ce qui lui appartient et en ne désirant pas les richesses d'autrui. Il est évident que l'être humain ne peut en aucune manière tirer profit du bien d'autrui qu'il a dérobé. Car le profit est la résultante de la force de travail.

Respect

Le respect est cette qualité qui est beaucoup recherchée chez la créature divine car elle témoigne de la considération et donc du respect pour tout son entourage petits comme grands mêmes envers les animaux .La créature divine éprouve un grand respect avant tout pour lui-même en ce sens que il sait qu'il a une valeur inestimable et qu'elle est importante aux yeux du Divin et parce que voyant son semblable comme une créature divine, il lui témoigne également du respect envers l'autre .Lorsque nous appartenons à un ensemble ,il est de notre responsabilité de veiller aux respects des membres qui composent cet ensemble pour une meilleure harmonie. Le Maitre Jésus, fils de Marie disait « aime ton prochain comme toi-même ».Je dirai alors respecte ton prochain comme toi-même.

Section 3 : L'éducation familiale et la solidarité

La famille est le socle primordiale sur lequel une société prospère se batit.Chaque membre de la famille est le reflet des membres qui composent la société. Une société est dotant plus prospère lorsque les familles dégagent la paix, l'harmonie, l'entraide et la solidarité. Une bonne éducation familiale est la garantie d'une société stable et riche. A ce niveau ,il est indispensable de savoir que sans éducation ,rien ne se construit de façon durable c'est pourquoi les responsabilités sont partagées à ce niveau par tous les membres de la famille partant du devoir des parents envers leurs enfants et ainsi que des droits que les parents ont sur leurs enfants .Il en est également du devoirs des enfants envers leurs parents ainsi que des droits des enfants sur leurs parents .

Les devoirs et droits des parents envers leurs enfants

Les parents ont des devoirs primordiaux envers leurs enfants. Il s'agit :

- D'éduquer les enfants : les parents ont l'obligation d'instruire les enfants, de les éduquer, de leur inculquer les bonnes manières et les bons comportements dans la société .Ils doivent leurs témoigner de l'amour chaque jour et les entourer de l'affection nécessaire pour leur développement. Ils doivent leur apprendre l'écriture et la lecture afin de nourrir leur esprit, ils doivent les diriger depuis leur plus tendre enfance et les conseillers à leur âge adulte.
- Nourrir sainement les enfants et les vêtir : les parents doivent veiller à une alimentation saine de leurs enfants afin de leurs faciliter une bonne croissance et une meilleure santé.

- Communiquer avec les enfants : il est important pour les parents de favoriser un climat adéquat et harmonieux avec leurs enfants afin de renforcer très tôt leur personnalité et leur ouverture d'esprit ;

- Etre le meilleur partenaire de leurs enfants :les parents doivent travailler chaque instant à être le meilleur allié de leurs enfants et leur apporter une oreille attentive en les dirigeants dans leur vie quotidienne.

Les devoirs et droits des enfants envers leurs parents

Les enfants ont également l'obligation de chercher toujours la satisfaction de leurs parents .pour cela, ils doivent :

- Respecter les parents : les enfants doivent avoir du respect profond pour leurs parents et être à leurs écoutes afin de profiter de leurs expériences de la vie ;
- Prendre soin de leurs parents : il est du devoir également des enfants de prendre soin également de leurs parents lorsque ses géniteurs ont surtout atteint la vieillesse .Il est de leur devoir de veiller à leur bien être tant sur le plan de la nourriture que de leur prise en charge sanitaire ;
- Eviter l'abandon des parents : les enfants ne doivent pas abandonner leurs parents .Il est indispensable de ne pas les laisser dans des maisons de retraites sans aucune affection alors que tout petit ils ont pris soin de nous .Les enfants doivent respecter les sacrifices que les parents ont constamment fait pour eux afin qu'ils soient ce qu'ils sont.

Section 4 : L'amour du travail et la détermination

Le serviteur de Dieu aime le travail et il est conscient que seul le travail procure à l'homme sa subsistance et sa dignité. Le mendiant ne peut pas prospérer dans la vie. Celui ou celle qui va frapper constamment aux portes des autres est sans honneur. Le travail est un trésor important que le Divin a mis à la disposition de sa créature pour lui permettre d'avoir une place dans la société. Ainsi, l'être humain doit valoriser le travail comme une faveur divine pour nourrir sa famille et sa communauté. C'est en cela que la détermination est l'esprit du combattant persévérant qui travaille avec acharnement et de manière intelligente pour que son travail et les services rendus à la communauté puissent leurs servir .La détermination est un levier indispensable pour accroître la motivation de celui qui est sérieux dans le travail qui lui ai confié. Quel que soit le travail qu'il effectue ,le serviteur de Dieu a la conviction qu'il doit bien l'exécuter parce que cela y va de son honneur et par conséquent mettre tout en œuvre pour sa qualité. Lorsque vous avez un service à offrir à quelqu'un, il faut donner leur meilleur de vous-même afin que le bénéficiaire puisse vous référer à d'autres personnes. Laissez toujours derrière vous un impact positif.

Section 5 : La méditation divine et l'adoration

La première connexion que l'être humain établit est une connexion divine. Depuis le ventre de sa mère, le fœtus est connecté au Divin .Il jouit d'une totale présence divine jusqu'à sa transformation en chaire, en une belle création divine .Il nous arrive d'oublier le processus de la création de l'être humain qui commence par la rencontre de deux cellules humaines les spermatozoïdes et les ovules pour créer une vie extraordinaire. Cela démontre réellement la plus belle création divine. Nous avons l'impression que cela est insignifiant et que c'est normal alors que c'est toute science qui se crée et qui donne la vie. Ainsi chaque fois que l'humain se rappelle de cette origine, il doit témoigner de la reconnaissance envers Son Créateur en se connectant régulièrement à la grande source de l'Energie vitale que représente Son Créateur. La méditation est le recueillement du serviteur de Dieu qui prend une pause libéré de toutes les tâches physiques et intellectuelles pendant quelques minutes de la journée ou de la soirée pour s'adonner à la contemplation du Divin et de ses merveilles .A ce moment ,le disciple est en face de Son Maitre ,Le Créateur de toute chose où il renforce son intimité spirituelle en oubliant toutes les préoccupations de la vie terrestre pour rentrer dans le monde céleste. La connexion au Divin est indispensable pour le serviteur qui puise abondamment l'énergie spirituelle nécessaire dont il a besoin pour son développement et son épanouissement social et spirituel.

Chapitre 2 : Trésor N°1 : La connaissance

Le premier trésor divin est la connaissance. Toute chose a été créée à partir de la connaissance .Quand Dieu créa les cieux et la Terre ainsi que les espaces, les galaxies ainsi que les mondes visibles et invisibles, IL le fit à partir de la connaissance, du pouvoir du Verbe ! IL dit : soit et la chose fut.IL prononça des paroles puissantes qui créent la vie. Mais derrière ce Verbe, c'est la connaissance, une connaissance précise, mathématiques, calculées et claires pour agencer toutes les composantes de l'univers. Les scientifiques en étudiant l'univers ont découvert que tout étant dans une harmonie parfaite avec des lois mathématiques et physiques précises qui émerveille le chercheur quand il les découvre. Le serviteur de Dieu, l'être spécial que je suis et que tu es, nous avons tous soif de la connaissance, de toute cette connaissance qui crée et invente. Il sait que toute chose qu'il veut produire, toute innovation qu'il veut apporter à l'humanité commence par la connaissance. Ainsi, la recherche de la connaissance est un devoir pour le serviteur de Dieu .Il doit se donner corps et âmes pour acquérir cette connaissance même s'il doit voyager partout, pourvu qu'il acquiert la connaissance qui puisse lui permettre de créer quelque chose d'utile pour la société. Toute la connaissance existe déjà car Dieu les a établi comme des Lois et Principes de l'Univers mais l'être humain doit aller à la découverte de ses Lois et Principes afin de pousser son intelligence vers la réalisation d'un but précis : c'est le processus de créativité.

Section 1 : La connaissance du Divin

La connaissance Divine est la source de toutes les autres connaissances. Ainsi celui ou celle qui puise en premier dans la connaissance divine aura accès également à toutes les autres sciences également .En réalité toute connaissance est divine, possède sa racine dans le Divin qui laisse le libre choix à sa créature de les découvrir ,de les agencer ,de les rassembler et de les disposer d'une manière à produire un élément utile qui peut servir à l'humanité .Albert Einstein n'a pas créé la loi de la relativité mais il l'a découvert grâce à ses recherches. Le chercheur, le savant, le scientifique, l'étudiant peu importe la personne qui veut acquérir la connaissance, il n'invente pas de Loi de l'Univers mais plutôt il les découvre à partir de ses observations, de ses contemplations méditatives et des études minutieuses du fonctionnement du monde et grâce aux lois mathématiques établies qui lui fournissent des données quantitatives et qualitatives qui donnent naissance à une invention. La connaissance a plus de valeur que n'importe quel actif .En réalité la connaissance est l'actif la plus rentable dans laquelle un serviteur de Dieu puisse investir. La connaissance peut être invisible, mathématiques, immatérielle ou encore visible, physique, matérielle. Tout ce qui existe est la connaissance .Depuis les lettres de l'alphabet jusqu'à la composition d'une lettre ou d'une phrase ,c'est de la connaissance qui est générée .La connaissance contient de l'énergie et émet de l'énergie grâces aux vibrations des paroles puissantes qui sont prononcées .La connaissance du Divin permet de canaliser tous les flux de connaissances vers des visées nobles .Le Divin est régis par la loi primordiale de l'unicité .Tout principe qui contredit l'Unicité Divine est en violation des lois de la nature .En réalité Dieu est l'entité sublime qui a créé tout l'univers et ce que l'univers contient. Supposons que l'univers soit créé par plusieurs divinités, alors les divinités s'arracheraient les différentes galaxies ou encore telles divinités si elle se fâchait contre l'humain pouvaient faire tomber le ciel sur la tête des humains .D'Une Source Vitale Unique provient toute chose et Dieu est la Réalité Ultime qui régis l'univers. Ce qui fait que les lois sont agencées de la manière la plus parfaite et tant de chercheurs sont émerveillés des découvertes qu'ils font chaque fois qu'ils appréhendent certaines lois précises et ce qu'elles peuvent générer comme utilités pour le monde.

Afin de mieux cerner les fondements du Divin et son rapport intime avec sa créature, il faut que le serviteur du Divin connaisse les cinq (5) fondements du Divin autour desquels ils orientent ses choix dans la vie :

- **La justice Divine** : Le serviteur de Dieu est persuadé que Dieu est Juste et que Dieu ne commet jamais d'erreurs car si Dieu commettait une seule erreur alors le monde serait dans le chaos et dans le déséquilibre et que les lois de l'univers seraient d'une imperfection totale alors que cette justice fait apparaitre que tout est agencée dans un ordre précis. La justice Divine est acceptée par tous les êtres épris de justice sociale également car il arrive parfois que sur terre le criminel ou l'assassin échappe complètement à une peine ou que le corrompu ou le voleur s'en tire avec la justice terrestre et que l'innocent soit condamné à la place du coupable .L'assurance alors de la belle créature Divine réside dans le fait que si l'humain peut commettre le désordre et s'en sortir parfois facilement sur terre ,c'est que Dieu ,l'Unique Juge ,l'Incorruptible va juger les humains en dernier ressort .Mais d'aucun se poserait la question de savoir pourquoi alors le Divin ne punit-il pas directement la créature humaine sur la terre après que cette dernière ait commis un forfait ? Il est évident de voir que Dieu a doté sa créature du libre arbitre ou du libre choix et lui a montré les voies de la félicité et les voies de la déchéance afin aussi que la créature se réforme à travers un repentir sincère. Quitte à l'homme de s'élever aux dessus des mauvais comportements pour adopter et suivre les bons comportements qui l'élèveront davantage et le rapprocheront du Maitre de l'Univers. Alors toute âme qui fait du bien sera récompensée par son Créateur qui lui fera gouter aux délices du Paradis. Et quiconque fait du mal subira la colère du Créateur. Le cheminement spirituel du serviteur de Dieu est une lutte constante pour renforcer sa personnalité et faire rejaillir son être lumineux.

- **L'Unicité Divine** : l'Unicité de Dieu est la garantie de l'harmonie des mondes .Si deux entités revendiquent la création du ciel ou de la Terre alors, l'univers va s'effondrer car l'une pourra détruire le ciel par le pouvoir de son verbe, de sa parole. Ce qui est absurde .Donc le bon sens nous justifie de l'Unicité Divine. Lorsque les êtres humains croient au principe de l'unicité Divine, ils ne se querellent pas non plus pour des questions de religions car Ils savent que Dieu est Unique et que c'est vers Lui Seul qu'est voué le culte de l'Adoration et du monothéisme pur. L'Unicité Divine interdit toute représentation du Divin car l'être humain ne peut pas fabriquer un objet et adorer cet objet .Cela n'est pas cohérent et s'oppose à la raison. Mais il est évident que l'Unicité Divine exige que tout l'univers se prosternent devant Dieu et contemple l'Unique Dieu qui régit les mondes et les univers.

- **La Prophétie** : De tous les temps la Terre a eu la visite des êtres de lumière qui reçoivent les messages divins et les transmettent à l'humanité afin de perfectionner l'individu, afin de le rendre encore plus meilleur. Les prophètes sont des enseignants de la vie et montrent le chemin pour accéder aux délices divins. Des milliers de Prophètes ont foulé le sol de l'humanité pour répandre le message divin à travers l'Afrique, l'Amérique, l'Europe, l'Asie, l'Océanie et dans toutes les contrées de la terre. Il n'y a pas un peuple sur la terre qui n'est pas reçu d'éclaireurs du Divin pour amorcer son développement tant sur le plan personnel que social .Parmi les illustres Prophètes en Afrique, on peut citer par exemple, Moise et Joseph en Egypte antique. Il y a également parmi les illustres, David, Salomon, Jésus, fils de Marie et Muhammad.
- **Le Guide Divin** :La guidance divine est la continuité de la mission divine prophétique tant dans ses dimensions spirituelles que politiques .Il s'agit des disciples des prophètes et de leurs partisans qui éclairent la créature humaine à s'attacher aux valeurs et qualités divines pour régir leur propre être et diriger la société de façon vertueuse. Ce sont les enseignants de la vie qui œuvrent à empêcher la corruption morale de se répandre dans la société.
- **Le Jugement dernier** : S'il est une vérité absolue partagée par tous les êtres humains, c'est la mort. Toute âme goutera à la mort et sera ressuscitée au dernier jour pour le jugement dernier .Si les hommes sur Terre ont compris la nécessité d'avoir un Tribunal pour juger les crimes et trancher les litiges ,il est concevable alors que le Juge Suprême ,l'Unique Dieu incorruptible qui a créé tout l'univers et ce qu'il renferme tranche également entre l'homme et lui-même et l'homme et ses semblables en toute impartialité

dotant plus que la justice humaine est parfois corrompue par la loi du plus fort, toujours triomphant sur les faibles et les pauvres innocents qui sont condamnés sur terre parfois pour des actes ou forfaits qu'ils n'ont pas commis.

Section 2 : La connaissance du visible et de l'invisible

L'homme, cette créature géniale en elle-même est un réservoir de connaissance aussi bien visible qu'invisible en plus des réalités sensibles ou suprasensibles qui environnent l'univers. La connaissance visible touche tout ce que l'homme peut découvrir à travers l'observation ,le toucher ,le physique ,le matériel par exemple la connaissance des arbres ,des plantes ,des animaux ,des montagnes ,des océans et des mers ,de tout ce que la terre contient et renferme comme métal ,objet ,matières physiques .La connaissance du visible c'est l'attention de l'homme porté vers tous les éléments matériels existants pour non seulement les découvrir mais également d'en connaitre leur propriété ,leur utilité ,leurs caractéristiques ,leur transformation .Par exemple la connaissance du Fer .Le fer bien qu'étant un élément matériel tangible descend du ciel lorsque les météorites tombent sur la terre. Mais le Fer à de multiples utilités car il est beaucoup utilisé par les Hommes pour produire de l'électricité, fabriquer les ustensiles, fabriquer des marmites, des armes, des chars de combats ...

La connaissance de l'invisible touche toutes les réalités cachés, ésotériques, mystiques qui peuvent se révéler à l'homme pendant ses méditations et ses rêves...Ce n'est pas parce que une chose est cachée qu'elle n'existe pas .Le vent par exemple est élément invisible mais qui a une puissance énorme dont l'Homme s'en sert pour fabriquer de l'énergie également pour éclairer nos villes .Mais la connaissance de l'invisible est profonde car lorsqu'on puise profondément dans la connaissance de l'invisible, on résout également plusieurs préoccupations du visible.

Section 3 : La connaissance de soi et la connaissance de l'autre

L'homme est l'entité la plus complexe tant de par sa constitution physique que de ses dimensions spirituelles .La connaissance de soi est le préambule à la reconnaissance de son identité première .Aucun homme ne peut atteindre un progrès véritable s'il ne se connait pas lui-même .La connaissance de soi est le reflet de la personnalité intrinsèque et des valeurs qui déterminent un individu.L'homme doit chercher à se découvrir lui-même pour déceler ses défauts et faiblesses et les corriger afin que ses comportements soient empreintes de sagesse et d'intégrité pour la gouvernance vertueuse de la société. Il s'agit pour l'homme de s'exercer constamment chaque jour afin de faire une véritable introspection de sa propre personne pour ressortir ses qualités intrinsèques. Chacun doit œuvrer pour préserver sa réputation afin de protéger la marque prestigieuse de son nom de famille.

1. Connaissance de soi

Le serviteur de Dieu œuvre constamment pour se maitriser lui-même à travers une introspection réelle .Le but de la connaissance de soi est de permettre à l'humain d'atteindre le bonheur et d'avoir une meilleure compréhension des facteurs qui l'influencent émotionnellement dans la société. La connaissance de soi passe par l'éducation de l'âme afin d'atteindre le perfectionnement de sa morale .Les étapes de ce processus de perfectionnement moral sont :

- **L'engagement devant soi :** l'homme doit se rappeler constamment que son séjour sur la terre est éphémère et donc il se doit de bien utiliser les jours pour être meilleur chaque instant. Les temps que il possède sont des ressources abondantes qu'il ne doit pas gaspiller et qu'il planifie pour l'atteinte de ses objectifs raisonnables .Le soi est enclin au mal et au désir de toute sorte. C'est pourquoi, si l'être humain omet de discipliner son soi alors il peut consommer son temps dans des futilités et sombrer éternellement dans la pauvreté. Aussi, est-il important pour lui de prendre des engagements devant soi-même du moins une fois par jour du moins une fois le matin et une fois le soir de ne dépenser ce capital précieux de temps que de manière efficace et efficient. L'être humain doit considérer chaque heure de la vie comme des trésors du Divin et savoir que les gaspiller dans les futilités aura des conséquences néfastes sur lui-même et son développement personnel.
- **La surveillance de soi :** l'engagement pris devant soi-même de faire quelque chose ou d'exécuter un programme ou un projet personnel ne suffit pas .Il est indispensable de surveiller le soi à travers les deux étapes suivantes :
  - ✓ **Avant l'Action :** pour s'assurer de la motivation de l'action, car le soi est trompeur ou plutôt auto-trompeur et on peut être inconscient de la véritable motivation qui pousse à l'action ou bien la motivation pourrait être double ou composée : une divine et personnelle.
  - ✓ **Pendant l'Action :**pour s'assurer de la rectitude de l'action ,qu'elle n'est pas déviée et qu'elle sera menée à bien et à terme ,s'il s'agit d'une bonne action.L'homme doit avoir en conscience que non seulement il est son propre surveillant

avant et pendant l'exécution d'une action afin d'éviter de commettre des erreurs mais savoir que Dieu ,son Créateur est l'Excellent Surveillant des actions qu'il entreprend car après la mort ,l'homme sera interrogé sur comment il a consacré son temps sur la terre.

- **La demande de compte à soi-même** :l'autodiscipline est la règle d'or qui permettra à l'Homme de s'auto-évaluer lui-même avant que les autres ne le jugent car il est celui qui entreprend une action pour son bonheur. Cette demande de compte qui doit se faire à la fin de la journée et à la fin de la nuit ,en parallèle à l'engagement devant soi qui s'effectue au début de la journée et au début de la nuit .De cette façon ,si nous constatons ,après cette séance de demande de compte ,que notre soi s'est bien acquitté de son devoir ,nous en remercions Le Créateur et nous L'implorons de nous permettre de faire encore mieux ,et si nous constatons que nous avons manqué à notre devoir ou que nous n'avons pas été à la hauteur ,nous nous repentons et nous essayons de réparer. C'est important pour l'individu de se pardonner à soi-même et de ne pas se blâmer tout le temps .Dans sa quête de perfectionnement, il ne doit pas oublier qu'il est une créature spéciale divine et il n'est que de passage sur cette terre pour accomplir de bonnes œuvres et défendre la vérité et soutenir les faibles.
- **Le blâme et le châtiment :** lorsque nous n'avons pas honoré des engagements personnels pris envers nous-même, il est important de se blâmer et de se réprimander soi-même afin de s'améliorer constamment et d'affirmer : aujourd'hui je n'ai pas atteint mes objectifs quotidiens mais demain je vais être meilleur dans leurs accomplissements. Par exemple quelqu'un qui estime qu'il est trop

gourmand et qu'il n'arrive pas à aider les faibles ou soutenir sa famille ,doit souvent établir des jours de jeûnes (une ou deux fois par semaine ou dans le mois) où durant ces jours il se consacre aux bonnes actions comme des dons ou autres actes de bienfaisances .Le fait de se priver un instant lui montre de la commisération envers les autres .

- **L'effort en vue d'une meilleure conduite :** Dieu aime celui qui fait l'effort constamment en vue de se réformer lui-même et d'être une meilleure personne dans la société .Nous appartenons à un ensemble et nous devons œuvrer à chacun de notre côté pour parfaire nos comportements.

2. Connaissance de l'autre :

Celui qui a travaillé constamment à se perfectionner doit avoir un état d'esprit positif et faire preuve de tolérance vis-à-vis de l'autre. Si tu vois l'autre comme toi-même, tu dois éviter des jugements subjectifs sur lui mais plutôt objectifs afin que par la compréhension tu tires le meilleur de ce qu'il possède. Le serviteur de Dieu s'entoure toujours de bonnes personnes qui vont l'impacter positivement afin de lui permettre d'atteindre ses objectifs. Dans sa communauté, il ne doit pas être un élément passif mais un actif toujours en action et proposer des solutions aux problèmes de la communauté. Lorsque l'autre reçoit de la considération vis-à-vis de vous, il est déterminé à changer positivement. Le vrai leader est celui qui pousse les autres à donner le meilleur d'eux-mêmes.

Section 4 : La connaissance des sciences et des technologies

Les sciences et les technologies ont beaucoup influencées l'homme et son environnement .L 'homme a réalisé beaucoup de changement lorsqu'il a compris l'utilisation de certaines lois mathématiques et physiques qui régissent l'univers et ce qu'il pouvait produire comme biens et équipements ,comme actifs et passifs ,comme engins terrestres et fusée spatiale ,comme infrastructures et œuvres architecturales ou artistiques .L'exploration et l'étendue de la connaissance a donné à la créature humaine d'énormes espoir en la vie et que les intelligences que le cerveau pouvaient générées comme systèmes d'informations ,algorithme et applications pour changer la société et révolutionner le monde .L'homme doit être reconnaissant pour la faculté que le Divin lui a donné à pouvoir mobiliser les éléments et lois naturelles vers des objectifs clairs et précis. En réalité, tout ce que l'homme conçoit dans son Esprit, il peut le reproduire physiquement .C'est la transformation de l'imagination, une connaissance immatérielle vers une connaissance matérielle. Par exemple, lorsque l'homme s'est imaginé en train de s'envoler dans un engin dans l'espace alors, il a compris que en observant les lois mathématiques et physiques que le Créateur a mis dans l'oiseau pour soutenir son envol, alors lui-même était capable de reproduire cet avion, cet appareil volant imitant oiseau naturel avec les mêmes caractéristiques que l'oiseau .La connaissance des sciences et des technologies est tellement aussi vaste que l'imagination de l'homme. La connaissance des mathématiques est indispensable pour nourrir la raison et développer de nouvelles compétences utiles pour le monde. Le serviteur de Dieu est celui ou celle qui a l'amour pour la recherche et le développement. Tant que la curiosité l'amène à faciliter la vie de ses semblables, le serviteur de Dieu sait qu'il peut participer et contribuer en inventant et en créant de nouvelles technologies grâces aux lois divines établies dans l'Univers.

Section 5 : La connaissance du destin et du futur de l'homme

Bien souvent, les gens ont une compréhension erronée du destin .Ils pensent à tort à la fatalité comme si le destin est figé et que le sort qui leur est réservé est scellé et que par conséquent ils ne peuvent plus rien faire. Cette mentalité n'est pas conforme à la belle créature divine rayonnante que nous représentons. Nous devons sortir de ce piège de la fatalité et nous mettre en action .Se mettre en action c'est agir constamment pour modifier sa situation, améliorer ses conditions de vie et celles de sa famille et de sa communauté. Le destin est un élément dynamique du temps. Quand tu te lèves, le destin se lève. Quand tu restes assis le destin reste assis. Quand tu cours, alors le destin court. Quand tu planifie ton objectif de prospérité financière alors le destin l'enregistre et le met en action. Un homme en action est un homme qui construit sa destinée et qui se confie à Dieu tout en étant pleine d'énergie et de force pour créer quelque chose. Quelques soient les obstacles qui se présentent devant lui, il les maitrise avec sérénité .Nous n'avons pas d'excuses pour rester pauvres et nous apitoyer sur notre sort. Nous devons avoir conscience que le Créateur nous a donné le libre choix d'aller où on veut et de faire ce qu'on veut et qu'IL est constamment près de nous et en nous pour nous conduire vers un avenir meilleur. Mais pour cela, cela dépend de notre prise de confiance en nous-même .Cela ne veut pas dire que Dieu ne connait pas la finalité .Dieu, dans son Omniscience connait notre point d'atterrissage .Là où nous souhaitons atteindre, IL est là constamment pour nous y conduire pourvu que nous ayons des ambitions nobles et justes qui aboutissent à servir l'humanité.

La connaissance du destin

Le destin a cinq grandes composantes qu'il faut connaitre et que l'homme doit appréhender afin de prendre conscience de ses capacités illimitées dans un monde limité où ses jours sont comptés. Sur cette terre :

- **Première composante : la liberté de choix** : le destin de chaque homme est entre ses mains .C'est lui avant tout qui se met à l'œuvre et les forces cosmiques l'accompagnent afin de l'aider à atteindre ses objectifs. Mais le plus souvent, l'homme ne sait pas où il va ? il n'a pas de vision claire de ce qu'il veut faire .Et c'est là tout le problème .Il est important de se ressaisir et se fixer une Vision claire de là où on veut être demain et mobiliser tout son génie pour atteindre cette vision en se fixant des objectifs avec des actions à mener quotidiennement pour les atteindre.
- **Deuxième composante : Le destin est en mouvement continu** : il n'y a pas de destin figé .En réalité certains pensent que parce que leurs parents ou grands-parents étaient pauvres, ils vont le demeurer .Cette manière de penser n'est pas conforme aux idéaux nobles d'un serviteur de Dieu. Comment quelqu'un qui possède les clés des trésors divins dans ses mains peut être aussi négatif .Il faut se lever et changer sa vie en créant des choses utiles pour la société. Soyez toujours optimistes. Vous êtes la lumière divine.
- **Troisième composante : Les causes et les effets** : celui qui veut améliorer sa vie doit comprendre qu'il y a des lois de causes et effets qui nous régissent et qui sont conformes à nos aspirations. Le serviteur de Dieu n'est jamais l'effet de ses actions .Il en est la cause, et en assume les conséquences. Ainsi avec cet état d'esprit, il ne sera jamais surpris des réactions mais il peut les

contrôler par ce qu'il en est l'auteur. Certains événements ne dépendent pas forcément de l'Homme car des évènements naturels comme les tremblements de terre, les inondations par des pluies diluviennes .Mais au-delà des facteurs externes qu'il ne contrôle par car relevant de l'ordre divin qui régis le cosmos, il lui appartient d'être pleinement l'auteur de tout projet qu'il décide d'entreprendre.

- **Quatrième composante :les forces invisibles et visibles** :le serviteur de Dieu prend conscience de l'existence des forces invisibles et visibles qui l'aident quand il entreprend une action ,une œuvre ou un projet dans l'intérêt de la communauté .Ces forces mises en action par le Divin sont là et interviennent pour soutenir les efforts de celui qui décide de lutter ,de se battre afin d'être une référence ,un modèle de réussite pour sa société.
- **Cinquième composante : de la mort à l'au-delà** : certains ont tort de penser que la vie s'arrête à la mort .Il faut préparer cette vie afin de gouter aux délices de l'au-delà.

La connaissance du futur

La connaissance du futur est une connaissance que très peu de gens cherche à connaitre .Etant souvent distrait par la vie, nous ne nous concentrons pas sur l'Esprit afin de visualiser le futur. Pourtant être conscient du futur est primordial pour le serviteur de Dieu .Car tout son combat sur cette terre doit s'inscrire dans le temps et dans l'espace .Les actes posés aujourd'hui ont des impacts dans le futur .Ils peuvent même toucher plusieurs générations à venir. L'esprit éveillé est un esprit qui prépare toujours son futur dans le présent. Construire le présent ici et maintenant pour un futur radieux. Dans la connaissance du futur, il est primordial que le serviteur de Dieu observe bien tous les mouvements autours de lui .Il doit chercher à identifier les besoins de sa communauté proche, les besoins de sa nation, de son continent et du monde entier .Anticiper ces besoins maintenant, c'est construire un futur radieux pour soi-même et pour les autres. Ainsi, nous pouvons identifier dix (10) leviers importants pour appréhender le futur, le construire et le transformer en sa faveur :

1. **Identifier les problèmes autour de soi :**

Un serviteur de Dieu est quelqu'un qui comprends son environnement et est résolument déterminé à éliminer tous les problèmes autour de lui. Il ne laisse jamais passer un jour sans relevé les dysfonctionnements qui peuvent exister dans sa famille, dans son lieu de travail, dans son entreprise ou dans les investissements qu'il fait .Le problème en lui-même n'est rien c'est en réalité ne pas savoir qu'on est dans des problèmes qui n'est pas bien .Car celui qui ne cherche pas à identifier les menaces qui pèsent sur lui-même et sur sa famille ou dans son entreprise qui peut faire faillite à tout moment parce qu'il a fait preuve de négligence ne pourra pas maitriser son futur. Appréhender donc ses problèmes, c'est corriger aujourd'hui leurs conséquences dans le futur. Pour identifier les problèmes autour de soi, il est important de comprendre d'observer les plaintes, les préoccupations des uns et des autres autour de soi. Par exemple, dans une entreprise, vous n'avez pas d'assistance fiscale et personne n'établit de déclarations .Vous vous exposez à un risque de contrôle et un risque de redressements fiscal qui peut vous couter chère à l'avenir et créer d'énormes dégâts et pertes financières pour votre entreprise.

2. **Lister les causes de ses problèmes :**

Les causes des problèmes sont déjà un moyen de les solutionner .Peut être la cause à un problème n'est pas souvent dû à un manque de moyens financiers ou à un défaut de personnel qualifié. Mais bien souvent du fait de la négligence et d'un manque de planification. Pour mieux connaitre les causes à ses problèmes, il est important une fois qu'on les a identifié, de se poser les questions suivantes : qu'est ce qui explique que La situation fiscale, financière de mon entreprise soit ainsi ?et par problème, on apporte les réponses à cette question pour ressortir les causes pour éliminer les problèmes au fur et à mesure. L'entreprise qui n'a pas une compétence interne pour faire ses déclarations fiscales doit se faire assister par un conseil fiscal ou un expert-comptable inscrit à l'ordre des Experts de son pays.

3. **Lister les conséquences de ses problèmes :**

Une fois que les causes de ses problèmes sont connus, il faut relever les conséquences .Les conséquences mesurent en réalité l'impact positif ou négatif que peuvent entrainer un problème dans notre environnement. Connaitre les conséquences, c'est se préparer psychologiquement à les affronter afin d'éliminer ou de réduire les impacts négatifs.

4. **Apporter les solutions pragmatiques à ses problèmes :**

Une fois que les conséquences sont bien connues, il est important de les solutionner au fur et à mesure et de ne pas laisser les problèmes et les conséquences s'accumuler et nous détruire .Nous avons vu les lois de cause et d'effet et démontrer que nous devons être toujours la cause de ce qui nous arrive et ne pas être une victime des conséquences. Etre la cause signifie assumer ses choix.

Quelqu'un qui assume les conséquences des actes qu'il pose chaque jour est celui-là qui sait où il va. Comme a dit Sennett, il n'y a pas de vent favorable à celui qui ne sait pas où il va. Soyons alors le capitaine du bateau et lorsque la mer est agité, soyons serein et tenons fermement notre gouvernail. Le capitaine rassure les membres de son équipage en ayant la maitrise de lui-même. Il ne cède point à la panique. Il a dompté ses peurs et c'est pourquoi les autres lui font confiance également.

5. Identifier les besoins des gens autour de soi :

Celui qui connait les besoins des gens autour de lui est certainement celui-là qui va s'enrichir .Les gens courent derrière l'argent au lieu de créer le processus qui donne l'argent. Le papier n'est rien. C'est la production de l'énergie qui est tout. Produisons les choses qui attirent l'argent. J'enseigne les mathématiques, et on me paye. J'enseigne les finances, et on me paye. Je donne des séminaires et formations que le public aime et le public me paye. Je sais fait rire les gens et je fais des spectacles payant et le guichet est plein à craquer. J'invente une application et les gens sont nombreux à la demander .Je crée une plateforme de e-commerce que des millions de clients utilisent. Et mon portefeuille augmente sans cesse. Je crée des gâteaux que je livre à plus de cent (100) alimentations dans la ville et mon bénéfice journalier se multiplie par 100.Dans rendez-vous au sommet, Zig Ziglar disait que « l'argent n'est qu'une aune à mesurer la valeur du service rendu. Quelle que soit votre profession, et presque sans exception, plus vous rendrez services, plus sera considérable la récompense financière ».

En réalité le fait d'être attentif à son entourage et observer les plaintes des gens représente en réalité une opportunité pour le serviteur de Dieu qui trouve alors indispensable d'apporter sa contribution pour solutionner ces besoins.

6. Apporter des solutions aux besoins des gens autour de soi :

Les solutions aux problèmes des gens sont des mannes importantes qui augmentent non seulement la valeur intrinsèque de quelqu'un ou de son entreprise. Par exemple vous remarquez qu'une entreprise autour de vous dans votre quartier avec un bon design et de bons produits locaux n'arrivent pas à mettre en place un système commercial capable de lui permettre de tripler son chiffre d'affaires. Vous avez remarqué que le problème ce n'est pas le produit que l'entreprise vend mais plutôt le manque de commerciaux et de canal approprié de distribution. Vous faites vos montages chiffrés et vous demandez rendez-vous avec le propriétaire de l'entreprise afin de lui proposer votre plan financier pour booster ses ventes .C'est un besoin que vous avez identifié qui est en même temps une opportunité pour vous. Vous demandez juste une commission sur les ventes réalisées pour dérouler tout votre programme de vente .En réalité le propriétaire gagne en ce sens que son chiffre d'affaires connait une nette amélioration et vous aussi vous voyez votre portefeuille augmenter. Il en est de même de quelqu'un qui est expert dans un domaine et qui sait que autour de lui, il y a des gens qui peuvent bénéficier et profiter de son savoir .C'est l'occasion pour lui de proposer des programmes de formations, des séminaires présentiels ou virtuels, de créer une chaine You-tube pour accroitre en audience.

Il est important d'utiliser les technologies de l'information pour augmenter ses audiences et avoir plus d'auditeurs et de participants .L'avantage de la chaine You-Tube c'est qu'elle permet de vous faire connaitre au monde et d'avoir un champ vaste de clientèle.

7. **Anticiper les corrections des solutions proposées :**

Les solutions ne suffisent pas .Il faut anticiper les corrections des solutions proposées .Dans le développement d'une application pour une entreprise pour lui permettre de suivre ses clients et de mesurer ses performances, le développeur doit prendre toujours en considération les plaintes ou retours des clients et les corriger au fur et à mesurer .Cela donne de la considération aux clients qui sont attachés aux produits .La fidélisation de la clientèle doit être une préoccupation du dirigeant d'entreprise.

8. **Apporter des innovations aux produits existants en les améliorant :**

L'innovation est au cœur des stratégies de l'individu qui veut vendre son produit ou ses services à un public .Un serviteur de Dieu est un acteur de développement et doit agir rapidement pour inventer une technologie qui puisse permettre de combler les attentes de ses clients. On peut innover sur des produits existants seulement en réalisant de jolis emballages bios pour une entreprise qui vend des jus locaux frais en sachet alors qu'elle aurait pu par un bon emballage esthétique attirer encore plus les clients. Ou encore on peut créer de nouveaux produits dans un secteur spécifique qu'on a identifié et que la demande n'arrive pas à satisfaire.

9. Augmenter les services rendus aux autres :

Le futur s'appréhende en augmentant les services rendus aux autres. Non seulement ces services vous permettent d'accroitre en renommée, ce qui est impactant pour vous mais encore ils vous donnent une place importante dans votre société en tant que acteur de développement. Et plus encore vous faites des chiffres.

10. Etre un investisseur dans des projets de développement communautaire :

L'investisseur est l'homme crée le futur dans le présent. Il bâtit le futur aujourd'hui car il sait que le temps est un trésor précieux que Dieu a mis à sa disposition. C'est pourquoi la jeunesse est interpelée à éviter de perdre du temps dans la distraction et se concentrer sur son avenir. Tu peux être un employé, un consultant ou encore un ouvrier ou un fonctionnaire d'Etat .Mais tu ne seras riche que si en plus de tes emplois, tu es un investisseur. En réalité, un investisseur est un producteur, un acteur de développement, c'est quelqu'un qui crée une entreprise innovante pour répondre aux besoins de sa communauté. Il crée un concept que les gens réclament .C'est quelqu'un qui sait saisir des opportunités autour de lui et sait transformer ces opportunités en argent .L'investisseur cherche à léguer un patrimoine a sa famille et à sa communauté que ce patrimoine soit une invention, une entreprise ou des innovations majeures apportées dans un domaine et qui lui génèrent continuellement du cash-flow. Un investisseur c'est quelqu'un qui créée des actifs rentables qui sont mesurés par les flux liquides qu'il génère .L'investisseur a compris comme Napoléon Hill disait « Il y a plus d'Or extrait de l'Esprit Humain que d'Or extrait de la Terre ».C'est à l'homme alors de puiser dans son Esprit des merveilles pour sa communauté.

Chapitre 3 : Trésor N°2 : La clé-richesse travail

Lorsque nous avons compris que la connaissance est la première clé de la richesse qui ouvre la porte des trésors infinis, il faut passer à l'action, il faut travailler, encore travailler et toujours travailler .Le serviteur de Dieu ne s'ennuie jamais .Si le serviteur de Dieu arrive à s'ennuyer, c'est qu'il n'a pas occupé son esprit à travailler. L'Esprit est le réceptacle de la connaissance infinie car l'Esprit est l'émanation du Divin. Alors le travail nourrit aussi bien le corps que l'Esprit. Le travail est toute œuvre accomplie par un être humain et qui lui procure satisfaction et rémunération. Cela peut être un métier, un conseil, une production, une transformation, une industrialisation, une invention .En fait le travail est le processus par lequel l'individu est constamment en action. Elle garantit à l'Homme la dignité .Même le fait de s'organiser pour écrire un livre utile pour l'édification d'une société est un travail. Même si il faut rendre un service comme enseigner, former les gens dans un domaine que l'on maitrise en somme dispensant un savoir, c'est travailler .Mais pour que le travail, puisse être une source de motivation et de rémunération, il faut qu'il soit effectué avec amour, sérieux et abnégation. Faire preuve de négligence dans un travail précis n'est pas une bonne chose. Voltaire disait, in Candide que : « le travail éloigne de nous trois grands maux : l'ennui, le besoin et le vice ».Celui ou celle qui a compris cela, sait combien il est important de ne jamais être désœuvré, toujours chercher par conséquent à produire quelque chose, à créer, innover, écrire et lire .Et oui même le fait de lire, c'est un travail car cela nourrit l'Esprit de l'Homme. En lisant un livre motivant, l'homme peut avoir des idées de richesse et les développer et s'en sortir financièrement. Donc l'homme occupé à une tâche précise a compris qu'il faut donner du sens à sa vie.

Le serviteur de Dieu travaille avec sincérité pour se nourrir lui-même et sa famille .Il n'est point envieux car il sait compter sur lui-même pour vivre .Il sait que le vol n'est pas un travail et que détourner le bien d'autrui ne le rendra jamais riche. Il faut à partir de son travail se fixer des objectifs de succès et faire preuve de persévérance pour atteindre son but. Il ne faut pas regarder les autres et juger qu'on est soi-même en retard .Il faut être focus sur son propre objectif car nous n'avons pas tous les mêmes situations de vie. Donc il faut planifier soi-même ses objectifs et travailler chaque jour pour les atteindre. Pour délivrer un travail de qualité et atteindre facilement ses objectifs et son but ultime, il y a des attitudes indispensables qu'il faut acquérir :

Section 1 : L'organisation

Quel que soit le travail que nous avons à accomplir, nous devons être investis d'une mission et pour conduire à terme cette mission, il faut établir une organisation de son travail en déclinant la vision à atteindre, les objectifs général et spécifiques et faire le plan d'actions nécessaires pour réussir. Ainsi, il est important également d'évaluer les moyens humains, matériels et technologiques nécessaires pour la mission. Dans ce sens, il faut établir son programme de travail journalier, hebdomadaire et mensuel et se mettre en action avec enthousiasme. L'organisation donne à l'individu le pouvoir et le leadership dans ses domaines de prédilections. Pour que les connaissances deviennent un véritable pouvoir pour l'être humain, il faut que les connaissances soient organisées, classifiées et appliquées. Il ne s'agit pas d'accumuler les connaissances mais de vraiment les organisées vers les objectifs qu'on s'est fixé afin de produire un travail excellent et d'atteindre le succès souhaité. Et c'est également de savoir s'entourer des intelligences des autres pour pouvoir rapidement réussir ce qu'on entreprend.

La nécessité d'avoir un Objectif bien défini est un facteur clé de succès pour réussir dans son travail quel que soit la voie qu'on a choisi.

1. Etablir un objectif de travail bien défini :

Tout objectif défini délibérément fixé et organisé dans l'esprit du serviteur de Dieu, avec la détermination de l'atteindre renforce l'esprit et crée un processus d'actions vers la réalisation de ce but. Ainsi ,il est primordial que l'objectif principal dans la vie d'un individu soit bien choisi avec le plus grand soin et ,une fois que vous la définissez et en êtes satisfait ,écrivez-le sur une feuille que vous afficherez ensuite à un endroit où vous pourrez le voir au moins 2 fois par jour ,dans le but psychologique de le graver dans votre mental .Et si vous disposez d'un ordinateur ,le mettre sur votre fonds d'écran et travailler avec acharnement et méthodiquement pour l'atteindre .La personne qui travaille sans objectif défini soutenu par un plan précis pour l'accomplir ressemble au navire sans gouvernail. Le travail dur et les bonnes intentions ne suffisent pas pour atteindre le succès dans son travail, il faut au préalable fixer un objectif précis qui correspond à la réussite désirée. Chaque maison bien construite a commencé par un objectif défini et un plan clair et précis. Imaginez ce qui se passerait si quelqu'un essayait de construire une maison au hasard, sans aucun plan. Les ouvriers ne sauraient pas trop quoi faire, les matériaux seraient entassés partout avant même de creuser les fondations, et tout le monde se disputeraient sur la façon de construire la maison. Résultats : le chaos total, des malentendus ingérables et des coûts financiers énormes. Nous allons donner quelques exemples des hommes d'affaires qui ont réalisé de grandes choses et se sont enrichis grâce aux efforts organisé et à des objectifs individuels précis définis :

- **Thomas Edison** : s'est concentré sur l'harmonisation des lois naturelles et a fait des efforts pour faire plus d'inventions que tous les autres.
- **Edwin C.Barnes** : a concentré ses efforts dans la vente des appareils d'Edison. Il a pris sa retraite alors qu'il était encore jeune car il avait gagné plus que ce dont il avait réellement besoin.
- **Abraham Lincoln** : a concentré son esprit sur la libération des esclaves et est devenu le plus grand président des Etats-Unis.
- **Martin W.Littleton** : a entendu un discours qui lui a inspiré le désir de devenir un grand avocat. Il s'est concentré sur un seul objectif, et, peu de temps après, il est devenu l'un des plus célèbres avocats en Amérique. Ses honoraires pour le traitement d'un seul dossier étaient au moins 100 000 euros.
- **Rockefeller** : s'est concentré sur le pétrole et est devenu l'homme le plus riche de sa génération.
- **Henri Ford** : s'est concentré sur les voitures et est devenu l'une des personnalités les plus riches et les plus influentes du monde.
- **Andrew Carnegie** : s'est concentré sur les métaux, et par ses efforts, il a accumulé une grande fortune et son nom apparait dans les bibliothèques du monde entier.
- **Gillette** : s'est concentré sur le rasoir, a offert au monde le rasage impeccable et est devenu multimillionnaire.
- **Georges Eastman** : s'est concentré sur Kodak et son idée a apporté une fortune à lui-même et des joies à tout le monde.
- **Russell Conwell** : s'est concentré sur un seul livre : « Une mine de Diamant sous vos pieds » qui lui a rapporté 30 millions d'euros car ayant été vendu en plusieurs millions d'exemplaires dans le monde.

- **Hearst** : s'est concentré sur les journaux à scandale et son idée valait des millions.
- **Helen Keller** : s'est concentrée sur l'apprentissage de la parole et, en dépit du fait qu'elle était sourde, muette et aveugle, elle a atteint son objectif.
- **Georges S. Parker** :a inventé l'un des meilleurs stylos au monde ,et en dépit du fait que son affaire se trouvait dans une petite ville des Etats-Unis ,il a réussi à faire connaitre ses produits dans les 5 continents ,et ses plumes se vendent dans tous les pays civilisés. L'objectif défini de M. Parker était de produire juste l'un des meilleurs stylos au monde était bien fixé dans son esprit. A cela, il ajouté un désir ardent de le réaliser, et si vous possédez un de ces stylos, vous avez la preuve du succès de M. Parker.

2. **Etablir un bon plan de vos activités :**

Vous êtes à la fois entrepreneur et constructeur et, tout comme ceux qui construisent des maisons avec du simple bois, des briques et de l'acier, vous devez également élaborer un ensemble de plans pour réussir votre construction.

Vous vivez une époque merveilleuse où les matériaux utilisés pour construire le succès sont nombreux et pas chers .Vous avez accès à des archives des bibliothèques publiques et aux résultats de plus de 2000 ans de recherche couvrant pratiquement tous les domaines d'activités. Ainsi dans tous les domaines, il y a toujours une expérience passée dont on peut s'inspirer.

-si vous désirez devenir un prédicateur, vous avez à portée des mains tout ce qu'avaient appris ceux qui vous ont précédé dans ce domaine.

-si vous voulez devenir mécanicien, vous avez à portée des mains toute l'histoire des inventions des machines ainsi que les découvertes et usages des métaux et autres éléments métalliques.

-si vous voulez devenir avocat, vous avez à portée des mains des livres sur les procédures légales.

-si vous voulez devenir agriculteur, vous avez accès à de nombreux documents sur l'agriculture et vous pouvez exploitez toutes les informations que vous y découvrirez si vous travaillez dans ce domaine...

Il y a tellement d'opportunités à saisir dans cette vie, qu'il faut que chacun de nous puisse savoir au préalable ce qu'il veut faire, dans quoi voudrait il investir son temps, sa personne afin d'apporter son expertise à sa communauté. Une fois que tout cela est clarifié, il dresse les étapes nécessaires pour y parvenir avec des bons plans d'actions.

3. Etablir votre emploi du temps :

L'emploi du temps est important pour lister les tâches à accomplir et les livrables périodiques à produire pour réaliser le but défini. Il est alors conseillé de suivre cet emploi du temps quotidiennement pour capitaliser son temps. Car Sandburg disait que « Le temps est la pièce de monnaie de votre vie. C'est la seule pièce que vous ayez, et vous seul pouvez déterminer comment elle sera dépensée. Prenez garde de ne pas laisser d'autres gens la dépenser à votre place. ».

4. Etablir un bilan de ses activités :

Au fur à mesure de l'exécution de son programme d'activités qui va permettre de réaliser son but, il faut faire un bilan de ses activités afin d'apprécier les évolutions vers la cible choisie. Cette auto-évaluation renforce encore la détermination à corriger ses différentes insuffisances et à orienter son approche vers la perfection.

5. Suivre un programme de formation continue :

Les compétences et l'expertise n'attendent que vous. Personne ne va vous poser un livre sur les genoux ou vous faire cadeau d'un savoir. Vous devez le chercher, l'acquérir, puis l'utiliser. L'acquisition et l'application d'un savoir vous rendront riche. Alors où trouver un savoir infini à peu de frais. Comme l'air que vous respirez, il est partout autour de vous, telles des personnes mûres prêtes à être cueillies :

- **Librairies** : les livres vous apporteront le meilleur retour sur investissement pour ce qui est de la formation. Il faut se les procurer soit en les achetant ou en les empruntant.
- **La bibliothèque** : le plus grand dépôt de connaissances gratuites.
- **Les forums internet** : trouvez des groupes de gens qui partagent les mêmes idées que vous, et apprenez de ceux qui ont réussi.
- **Les cours sur internet** : aujourd'hui grâce à internet et des chaines You tube, l'on peut beaucoup apprendre des choses utiles pour s'améliorer .De même que sur les blogs et autres canal internet de diffusion d'information.
- **Séminaires** : les bons séminaires apportent une bonne valeur ajoutée quand ils sont orientés dans les domaines où vous sentez le besoin de vous former et vous améliorer pour être performant.

- **La télévision** : surtout des émissions éducatives qui éveillent l'esprit et suscitent la réflexion. Un choix privilégié doit être fait sur des chaines qui ont une valeur éducative car l'esprit a besoin d'être nourri par des connaissances éducatives qui renforcent la culture et la personnalité de l'individu
- **Cours de formation continue** : dispensés dans les universités ou les écoles de commerce ou dans les centres d'affaires.

Section 2 : La loyauté envers soi-même et envers son maitre

La loyauté est primordiale pour réussir sa mission. Celui ou celle qui est employé dans une entreprise doit effectuer son travail en étant loyal envers ses supérieurs et collaborateurs. Il doit utiliser les biens de l'entreprise de la meilleure des façons et respecter ses collaborateurs. Il doit chercher à dépasser les objectifs qu'on lui a assigné afin que son supérieur le récompense et reconnaisse la valeur de son travail .Il doit exprimer également avec sincérité aux dirigeants les besoins réels dont il a besoin pour atteindre les objectifs stratégiques et spécifiques définis. La loyauté également suppose que lorsque nous travaillons au sein d'une entreprise qui nous donne un salaire, nous devons conduire notre mission comme si l'entreprise nous appartient. Le sentiment d'appartenance accroit la motivation du serviteur de Dieu qui se donne entièrement afin de rendre des livrables de qualité. Il doit éviter toutes les discussions internes qui découragent ou des critiques acerbes contre ses dirigeants et même s'il doit quitter l'entreprise, il faut que ces supérieurs se rappellent de lui comme étant une personne loyale qui aime le travail bien fait.

Section 3 : La rigueur et la discipline

La rigueur est indispensable au serviteur de Dieu pour s'éloigner des distractions qui lui perdent le temps et qui en plus, l'empêchent d'atteindre ses objectifs. A cette rigueur, il y ajoute la discipline pour réaliser son programme de travail dans le temps grâce à un emploi du temps qu'il suit scrupuleusement.

Section 4 : La ponctualité

Bien souvent, certaines personnes négligent la ponctualité dans les entreprises alors que ce sont des valeurs sur lesquelles les managers jugeront l'employé. C'est pourquoi, le serviteur de Dieu doit toujours arriver au travail à l'heure et s'il a un empêchement quelconque, il doit le signaler à son manager et produire les justificatifs nécessaires le cas échéant.

Section 5 : L'humilité de se remettre en cause pour apprendre

Appartenir à une organisation est un challenge pour le serviteur de Dieu et les défis nombreux à réaliser constituent pour lui des préoccupations constantes. C'est pourquoi lorsqu'il rentre nouvellement dans une entreprise ,il doit travailler avec humilité ,chercher à en connaitre plus sur l'entreprise ,découvrir la vision de l'entreprise et s'approprier de la culture d'entreprise et apprendre beaucoup de son manager. Il doit être dans une disposition de celui qui reçoit la connaissance car le partage des expériences est enrichissant pour lui et se corriger à chaque fois .C'est pourquoi la remise en cause permanente réponds aux exigences d'une bonne progression dans l'entreprise. Une fois qu'il a appris beaucoup sur l'entreprise, il pousser ses réflexions dans la direction des objectifs fixés par cette entreprise afin d'apporter des idées qui vont booster les ventes et le prestige de l'entreprise. Il doit surtout éviter dans les discussions de groupe formé et qui passent leur temps à faire des commérages sur telles personnes dans l'entreprise. Soyez cette personne qui apporte l'harmonie au sein de votre lieu de travail et éviter de perdre votre temps dans des débats inutiles.

Chapitre 4 : Trésor N°3 : La clé richesse- Loi mathématique de la Richesse

La richesse est une équation mathématique qui lorsqu'elle est résolue procure de l'abondance et la prospérité financière. Peu importe si vous êtes issus d'une famille pauvre ou riche, si vous appliquez seulement l'équation de la richesse, vos revenus vont croitre et bienvenu à l'indépendance financière. C'est une équation universelle à la portée de tout le monde. Il faut l'inscrire même dans son subconscient, dans son mental, dans son esprit chaque jour quand on veut vendre un bien ou un service pour sa communauté. Chacun doit saisir cette opportunité de connaitre que la richesse financière est une fonction définie de la manière suivante:

Richesse = Bénéfice net + Valeurs des actifs nets.

Or **Bénéfice net = Bénéfice net par unité x Nombre d'unité vendue**

Notons par Bu Bénéfice net par unité et N le nombre d'unité vendue .On obtient alors l'équation suivante : **Richesse = Bu*N+ Valeurs des actifs nets** avec Valeurs des actifs =Bénéfice net x multiplicateur de l'industrie. Nous n'allons pas rentrer dans des considérations mathématiques complexes c'est pourquoi nous allons juste nous appesantir sur le premier terme de l'équation simplifié en considération que les valeurs des actifs nets est nulle. Donc on posera que :

RICHESSE = Bénéfice net par unité x Nombre d'unité vendue

Il faut inscrire cette équation en règle d'or chez soit pour définir soit même un système de production de richesse qui obéit à cette équation universelle.

Section 1 : L'équation mathématique générale de la richesse

L'équation mathématique de la richesse définie est universelle que ce soit des biens ou des marchandises ou des prestations de service que vous vendez votre richesse est définie par l'équation :

Richesse = Bu*N+ Valeurs des actifs nets.

Mais nous allons simplifier l'équation de la richesse en considérant que la valeur des actifs nets est nulle donc Richesse = Bu * N

Richesse =Bénéfice net par unité * Nombre d'unité vendue.

En réalité cette équation est une fonction mathématique affine qui obéit à la Loi mathématique de l'Impact. Autrement dit, plus vous allez vendre des biens ou des services, plus votre richesse va augmenter. Plus vous allez alors avoir de l'impact auprès des gens pour ce que vous délivrez comme prestation plus votre richesse va s'accroitre. Plus vous allez rendre des services aux gens, plus vous allez avoir de la réputation, plus vos affaires vont s'améliorer et vous produire de l'argent.

Celui qui veut devenir riche doit avoir à l'esprit cette fonction mathématique de la richesse car elle qui fixe l'esprit de l'individu vers la production de véritable puits financiers. L'objectif apparait plus que nécessaire car qu'est-ce que je vais vendre pour avoir de l'impact pour avoir la Richesse ? une fois que nous avons la réponse à cette question, nous devons agir et prendre en main notre destin. Prêt et c'est partir !

Section 2 : Les principaux systèmes d'équation d'enrichissement par la loi mathématique de la richesse

Il faut noter cinq (5) principaux systèmes d'enrichissement rapides qui obéissent à la loi mathématique de la richesse à savoir : les systèmes de location ; les systèmes informatiques et de logiciels ; les systèmes de contenu ; les systèmes de distribution et les systèmes d'équation technologique et digitaux. Il y a des milliers de systèmes que l'individu peut mettre en place pourvu que ces systèmes suivent l' équation universelle de la richesse.

1. Les systèmes de location :

Les systèmes de location sont des systèmes établis par une personne afin de mettre un actif matériels ou immatériels en location en vue de percevoir des redevances ou loyers périodiques .Par exemple, mon oncle a construit un immeuble de cinq étages avec cinq appartements qu'il a mis en location .Chaque appartement est loué mensuellement à 800 000 FCFA nets de toute charge .Un organisme à proposer de prendre le bâtiment et de payer dix (10) ans d'avances sur loyer .

Richesse locative de mon oncle = Bu x Nbre d'unités vendues = (800 000*12*10)*5= 480 000 000 F.

Avec Bu, bénéfice unitaire annuel sur 10 ans = 800 000 *12 *10 =96 000 000 F.Et le nombre d'unité louées =nombre d'appartements loué = 5.

Avec la mise en place de cet immeuble, mon oncle a empoché en un jour quatre cent quatre-vingt millions (480 000 000) F .Ce qui lui permet en même de réaliser encore deux systèmes de location encore.

Mon oncle qui est à la retraite depuis cinq (5) ans n'a plus de crainte à se faire pour ses vieux jours. Il vient d'établir un son autonomie financière grâce à l'équation de la richesse.

2. **Les systèmes informatiques /logiciels :**

Les systèmes informatiques et de logiciels sont des systèmes exponentiels de création de richesse qui respecte l'équation de la richesse .Le but c'est de créer par exemple un logiciel de gestion ou une application informatiques utilisés par mille, dix mille, ou un million de personne.

La Richesse du système informatiques créé =Bu*Nbre d'unités vendus.

C'est le cas d'un ingénieur en informatique qui a mis en place un antivirus performant qu'il vend en ligne et qui lui génère comme bénéfice 10 000 F.A cet instant ,500 000 personne ont déjà acheté son antivirus.

La richesse du système informatique créé=10 000 x 500 000 =5 000 000 000 F. L'ingénieur vient de générer cinq milliards de F grâce à sa création. Les systèmes informatiques, et les logiciels, les applications, les systèmes de technologies mobiles et Internet etc., sont des systèmes d'équation de grande richesse .Nous pouvons citer comme exemple le milliardaire Bill Gates avec Microsoft utilisé par des milliards d'individus dans le monde .Imaginez la portée ou l'échelle sur lequel s'étend un système créé qui résout le besoin de millions voir des milliards d'utilisateurs.

3. Les systèmes de contenu :

Les systèmes de contenus sont des systèmes d'équation de la richesse générale qui vendent des informations. Le contenu peut être vendu sur des supports physiques ou encore par un canal électronique au moyen d'internet et autres systèmes de distribution. Par exemple quelqu'un écrit un livre qui devient un bestseller international ou arrivent à le vendre à des centaines de millions d'adolescent et s'enrichi rapidement .Comprendre les systèmes d'équation de contenu de la richesse, c'est montrer son ouverture sur les grandes opportunités de la richesse à partir de la production d'informations au contenu attractif pour un large public.

La Richesse du système de contenu créé =Bu*Nbre d'unités vendus. C'est le cas par exemple de J.K. Rowling ,auteure de Harry Potter qui est passé de professeure d'anglais à celui de reine des médias en vendant seulement plus de 30 millions d'exemplaire de ses livres traduit dans 35 langues différentes .Elle empoche des milliards de dollars .Imaginer seulement un livre révolutionnaire que vous écrivez qui impact seulement 1 000 000 de personnes et que vous percevez seulement 15 000 F comme bénéfice personnel alors ,cela vous crée une Richesse du système de contenu de votre livre = 15 000 x 1 000 000 = Quinze milliards (15 000 000 000) F .Il apparait que quinze milliards F ,c'est le potentiel énorme que l'équation de la richesse générale produit a produit pour cette personne qui a écrit son livre. Il vous suffit seulement de poser l'équation de la richesse et de voir quel système vous voulez produire et vous allez devenir richesse rapidement. Vous allez remarquer que l'équation de la richesse déjoue le temps .Il n'est pas fonction du temps.

Il vous suffit de créer votre système et de rechercher de l'impact à travers le nombre de personnes qui sont intéressées par votre création et vous deviendrez multimillionnaire. Nous remarquons que la connaissance génère encore plus d'argent que n'importe qu'elle autre système. C'est pourquoi Napoléon Hill disait que « Il y a plus d'Or extrait de l'esprit humain que d'or extrait de la terre ».Les systèmes produits par la connaissance sont multiples .Alors cherchez la connaissance donne le pouvoir et la réussite.

4. Les systèmes de distribution :

Les systèmes de distribution sont également de véritable équation de la richesse. Il suffit d'établir notre équation et de voir ce que nous avons envie de distribuer et maitriser la chaine de distribution. Prenons par exemple Amazon qui est un système de distribution qui combine à la fois les systèmes de contenu et des systèmes informatiques. Plusieurs personnes sont devenues millionnaires en vendant des articles, des livres, des objets d'art et autres marchandises sur Amazone. Mais les systèmes de distribution peuvent être également présentés sous forme de franchise pour atteindre encore un public plus large. Par exemple si votre restaurant dont la marque est côté pour la qualité des plats que vous présentez au client et que vous arrivez à accorder 20 ou 30 ou encore 100 franchises dans votre pays, alors vous multiplier vos ventes par 20 ,30 ou par 100.Le tout est de passer à l'action en créant votre système d'équation de distribution.

5. Les systèmes d'équation technologique et digitaux :

Les technologies sont des canaux qui génèrent beaucoup de richesse quand elles sont mises en place dans le domaine des services pour la communauté. Lorsque un système technologique est mise en place et résout un besoin exprimé par des milliers de personnes, alors ce système est un arbre d'or qui va vous générer continuellement de la trésorerie pour son créateur. Les mobiles money ont révolutionné le secteur de la Finance. Ils ont entrainés une dématérialisation de la monnaie papier en système technologiques en utilisant les mobiles pour le transfert d'argent et effectuer des paiements. Les opérateurs de télécommunications mobiles (0TM) ont fait baisser le chiffre d'affaires des banques lorsque le mobile money s'est implanté. Toujours il y a de la matière tant que l'esprit de l'homme a identifié un besoin et qu'il cherche à trouver une solution à cela, il doit pouvoir traduire cette solution en équation de la richesse générale et là l'argent coulera à flots.

Section 3 : L'équation de la richesse basée sur Internet

L'arrivée d'internet a révolutionné le comportement des êtres humains. Internet a créé beaucoup d'opportunités pour l'espèce humaine. Internet a facilité l'essor de plusieurs personnes qui ont su exploiter ses atouts .Plusieurs milliardaires sont apparu au 21ème siècle grâce à l'internet .Beaucoup de vieilles activités ont disparu avec l'arrivée d'internet .Ceux qui n'ont pas anticipé le futur en s'adaptant à cet outil qui est rentré dans les habitudes des citoyens du monde .Il est presque inimaginable de passer une seule journée sans la connexion à internet. Beaucoup d'entreprises ont vu leur chiffre se multiplier grâce à You Tube, Facebook ; Google où les gens ont à leur disposition des informations .Vous voyez toujours que la production d'informations crée de la richesse .La connaissance revient toujours comme puissance de richesse .Par ailleurs ,des systèmes d'abonnement se sont éclos en utilisant internet c'est le cas des systèmes d'abonnement de site web ,en passant par les systèmes de contenu ,les réseaux sociaux comme Facebook .Imaginez un instant que Facebook en fin 2022 avait une capitalisation boursière de 200 milliards de dollars avec des fonds propres de 129 milliards de dollars. Ce réseau social n'aurait pas eu cette expansion si il n'y avait pas internet .Et dites-vous que c'est Facebook est une entreprise qui produit et vend des informations. Imaginez alors encore plus le potentiel que peut générer d'autres systèmes plus performant. Cela veut dire alors que la création de système d'équation de la richesse basée sur internet est un multiplicateur ou un vecteur accélérateur de richesse. De même grâce à internet, des entreprises comme Paypal ont permis de s'éclore .Notons que les systèmes de paiements comme Paypal sont des systèmes de courtage basé sur internet où les courtiers du marché sur internet sont généralement payés pour chaque transaction réalisés par un client. Par ailleurs ,un autre système basé sur internet ,c'est les systèmes publicitaires qui peuvent combiner à la fois un système de courtage à l'instar de Google et Yahoo qui sont aussi des entreprises d'internet qui ont des milliards de chiffre d'affaires en dollars. A tout cela s'ajoute également le commerce électronique en tant que système important de richesse basée sur internet .Les plateformes d'achat et de vente en ligne comme Amazone et Ali baba sont des exemples hallucinant de ce que peut générer ces systèmes basés sur internet.

Section 4 : L'équation de la richesse basée sur l'innovation

L'innovation est une des clés incontournable du succès .Tous les systèmes innovants ont produit des millionnaires grâce à l'invention d'un produit, d'un service ou d'une information. Celui ou celle qui arrive à mettre sur le marché ou encore à produire et transformer un produit attractif avec un bon canal de distribution rentre dans l'équation de la richesse basée sur l'innovation. Il ne faut pas perdre de vue l'équation générale de la richesse .Inventez alors un produit et distribué le et vous ouvrez la porte à : **Richesse = Bu*N+ Valeurs des actifs nets**.

Richesse =Bénéfice net par unité * Nombre d'unité vendue.

Tant que vous avez la capacité d'identifier des besoins non satisfaits dans votre communauté ou même dans le monde , alors vous avez la possibilité de créer l'outil qu'il faut pour satisfaire ce manque que les gens autour de vous cherchent à combler. Même si c'est un système technologique et digital si cela peut répondre à des besoins vous deviendrez millionnaire à l'instar des robots ou de l'intelligence artificielle .Ou encore un système de distribution dans lequel vous apportez une nouvelle touche particulière à l'instar d'une alimentation avec plusieurs points de franchise ou encore un restaurant franchisé. Même également à travers les systèmes de contenus on peut apporter des innovations majeures à l'instar de la production de livre, de magazines, des abonnements à des bulletins d'informations. En somme innovez c'est inventer quelque chose de nouveau qui répond à des besoins et le distribuer convenablement. Innover, ce n'est toujours pas d'inventer quelque chose de nouveau, c'est également transformer et présenter autrement des anciens produits et les rendre encore plus attractifs car l'activité essentielle des inventeurs également, c'est de prendre un ancien produit qui existe déjà, le modifier et lui apporter des améliorations. C'est également s'inspirer d'un concept pour produire un nouveau concept plus attractif.

Section 5 : L'équation de la richesse basée sur la vision et l'imagination

Lorsque nous parlons d'équation de la richesse basée sur la vision et l'imagination cela crée des proportions illimitées de richesses. Que cela soit l'invention des ordinateurs, des téléphones, des avions .Ce sont des hommes qui les ont pensé d'abord .Ils ont imaginé en premier l'engin ou le concept dans leur esprit et l'on reproduit par exemple pour l'avion, l'homme s'est imaginé piloter un engin capable de s'envoler comme un oiseau afin de gagner en temps pour effectuer des voyages. Sans cela, personne n'aurait pu imaginer que l'homme pouvait fabriquer un tel engin puissant capable de voyager d'un pays à un autre en quelques heures seulement. L'esprit de l'homme crée plus d'Or que d'or existant dans la terre. N'oublions jamais cela. Ceci dit si notre esprit est capable d'imaginer quelque chose et de lui donner vie, de lui donner une existence matérielle, alors cela constitue un challenge pour les doués d'intelligence que nous sommes. Il suffit seulement de se lancer d'avoir une vision claire de ce que l'on veut mettre en place et de définir les processus pour le créer et c'est fini .Nous réaliserons encore plus de progrès. Il y des milliards de choses que l'homme doit réaliser car l'homme est animé et vivifié par l'Esprit du Créateur qui est le Premier Inventeur de l'Univers. Imaginez l'univers avec toutes ses galaxies et les planètes qui gravitent dans l'espace, imaginez la complexité de la création de la terre et des cieux, imaginez la création des océans .Cela implique que si l'homme observe bien son Créateur et les merveilles des créations qui l'entourent alors là, il s'inspirera de son Créateur pour imaginer et créer de nouvelles choses utiles à la société.

Il est important de ne pas perdre de vue votre objectif qui est d'imaginer quelque chose qui va être utile pour la société et le monde et vous vendez cela aux gens .L'argent est le fruit d'une créativité .Sinon l'argent en lui-même n'est rien, c'est le processus qui génère l'argent qui est le tout. Donc, il ne faut pas chercher l'argent car l'argent est déjà là .Il faut juste créer les systèmes d'équation de la richesse qui créent l'argent.

Chapitre 5 : Trésor N°4 : La clé-richesse des réserves financières d'investissement

La richesse est générée grâce aux affaires qu'on a mise en place en constituant des réserves financières d'investissements. Mais n'oublions pas que les investissements sont des systèmes d'équation de la richesse car les investissements doivent générer du cash continuellement. MJ De Marco donne quelques histoires de systèmes d'enrichissement créés par des individus qui les ont enrichi in Autoroute du Millionnaire, page 145.Cela aiguise l'esprit et pousse à créer et à mettre sur pieds des affaires qui génère continuellement du cash :

- Il invente un gadget et en vend des millions d'exemplaires à 15 distributeurs grossistes ;
- Il développe une application pour téléphone portable et la vend 50 000 fois.
- Il élabore une barre énergétique coupe-faim pour son propre usage et se voit offrir ensuite 192 millions de dollars pour son entreprise ;
- Il crée un blog et, trois ans plus tard, le vend pour 4 millions de dollars à un groupe pharmaceutique.
- Elle invente un balai à franges et en vend 500 000 sur QVC
- Un adolescent crée un site web qui rapporte 70 000 dollars de bénéfices par mois et le revend ensuite pour des millions.
- Un homme fait breveter un processus industriel, le propose ensuite sous licence à l'une des 500 premières entreprises américaines et empoche 14 millions de dollars.
- Il crée un site web pour suivre son équipe de basket préféré et vend plus tard son entreprise pour 5,5 milliards de dollars.
- Il crée une société de logiciels et devient par la suite l'homme le plus riche de la planète.

- Un médecin fait des recherches sur des traitements anti-âge et les revend ensuite à un groupe pharmaceutique pour 700 millions de dollars.
- Une auteure écrit un livre sur un adolescent aux pouvoirs magiques et devient milliardaire.
- Elle fabrique et vend 20 millions de sous-vêtements qui aident les femmes à paraitre plus jeunes.
- Un professionnel du marketing sur internet se fait 150 000 dollars par mois en vendant des publicités.
- Un professionnel du marketing redéveloppe un produit existant et vend 4 millions d'exemplaires de la nouvelle version améliorée
- Il crée une boisson énergétique pour l'aider à rester hydraté puis revend sa société pour 530 millions de dollars.

Chaque fois que je veux développer quelque chose je me remémore ces histoires basées sur l'équation de la richesse et je m'aperçois que il y a encore beaucoup de chose à créer .Il suffit que nous soyons tous attentif aux choses qui nous entourent. Mais une fois que nous avons générer du cash à partir de notre équation de la richesse ,il faut savoir bien gérer nos revenus afin de ne pas les perdre .C'est pourquoi interviennent les réserves financières d'investissement ;

Quelques soient les affaires que l'on souhaite mette en place, il faut créer absolument des réserves financières d'investissements. En réalité la réserve financière d'investissements est la proportion du cash-flow généré ou la trésorerie générée et qui est destiné aux investissements productifs, inventifs.

Cette réserve aussi contient une part de sécurité financière pour celui ou celle qui en dispose. Elles se constituent dans le temps et est égale :

- **Pour une entreprise :**

Réserve financière d'investissement =30% des recettes réalisées

- **Pour un salarié ou un professionnel :**

Réserve financière d'investissement =30% (du salaire ou de la prestation fournie)

Il est important que pour toutes les entrées de fonds générés par une personne physique ou une entreprise de constituer ses réserves financières d'investissement. Le but de ses réserves est de renforcer le potentiel d'investissement économique de ses activités mais encore de saisir des opportunités d'affaires qui peuvent lui permettre de générer continuellement de la liquidité. La réserve financière aussi permet sur une longue durée de mettre son détenteur à l'abri du besoin. Pour constituer des réserves financières d'investissement, il faut maitriser la gestion budgétaire à travers une bonne gestion des rubriques ou postes budgétaire.

Section 1 : La culture de savoir économiser ou épargner

La culture de l'économie ou de l'épargne est une qualité majeure de celui ou celle qui veut réussir dans la vie et atteindre la prospérité financière. Il est indispensable pour chaque personne responsable qui veut bien se diriger lui-même et sa famille et avoir des activités commerciales prospèrent de développer sa capacité à économiser quotidiennement ou régulièrement de l'argent. Les premières dépenses même qu'un individu doit faire c'est la dépense de l'épargne.

La culture de l'épargne est une attitude que chaque personne doit adopter pour avoir toujours de la trésorerie disponible car sans cette trésorerie, il n'aura jamais de marge de manœuvre pour réaliser ses projets et saisir les opportunités nombreuses qui se présenteront à lui. Il est primordial d'adopter très tôt cette culture, cette habitude d'économiser comme la fourmi. Lorsque vous observez l'économie de la fourmi, vous vous rendez bien compte que durant l'été elle moissonne et amasse de la nourriture dans ses greniers afin de pouvoir en profiter pendant l'hiver. Elle a compris que si elle ne met pas sa nourriture de côté, elle ne pourra pas survivre durant les jours difficiles pour elle. Donc comme la fourmi, dès que vous gagnez de l'argent, mettez immédiatement 30% de côté comme votre réserve financière d'investissement. Cela vous évitera beaucoup de surprise désagréable. La puissance financière se multiplie pour celui qui dispose toujours de liquidité dans ses comptes. Celui qui adopte un tel comportement responsable a saisi une des clés importante de la richesse de l'homme qui adopte une discipline pour épargner chaque jour de l'argent .Le fait de mettre en esprit qu'il doit mettre de côté de l'argent qui rentre dans ses mains,l'homme acquiert une mentalité de gagnant car il sait que son grenier n'est jamais vide. Il ouvre un compte d'épargne dédié exclusivement à cela. Bien des fois, certains employés vivent au-dessus de leurs moyens et durant des années passées à travailler, ils n'ont rien conservé comme ressources financières et sont en permanence dans la peur de comment vivre s'ils sont licenciés du jour au lendemain. C'est pourquoi c'est un élément très crucial de succès et de prospérité financière. Nous allons donner quelques exemples de ce que peut être l'Epargne de quelqu'un qui décide de mettre de côté au moins 30% de son salaire pendant dix (10) ans.

Exemples de revenu mensuel et l'épargne générée de 30%

1. Revenu mensuel de 100 000 F

Pour un revenu mensuel Rm de 100 000 F, il économise 30% soit Epargne mensuelle (EPm) =30 000 F.Au bout d'un an cela fait EPa=360 000 FCFA soit sur dix (10) = 3 600 000 F.

2. Revenu mensuel de 200 000 F

Pour un revenu Rm= 200 000 F, il économise 30% soit Epargne mensuelle Epm=60 000 F.Au bout d'un an cela fait Epa= 840 000 F soit sur dix (10) ans =8 400 000 F.

3. Revenu mensuel de 300 000 F

Pour un revenu Rm= 200 000 F, il économise 30% soit Epargne mensuelle Epm=70 000 F.Au bout d'un an cela fait Epa= 720 000 F soit sur dix (10) ans =7 200 000 F.

4. Revenu mensuel de 500 000 F

Pour un revenu Rm= 500 000 F, il économise 30% soit Epargne mensuelle Epm=150 000 F.Au bout d'un an cela fait Epa= 1 800 000 F soit sur dix (10) ans = 18 000 000 F.

5. Revenu mensuel de 1 000 000 F

Pour un revenu Rm= 1 000 000 F, il économise 30% soit Epargne mensuelle Epm=300 000 F.Au bout d'un an cela fait Epa= 3 600 000 F soit sur dix (10) ans = 36 000 000 F.

Nous remarquons bien que lorsque quelqu'un prend la résolution d'épargner de l'argent dans le temps, il a assez de trésorerie consistant pour réaliser un investissement dans le temps qui puisse lui générer continuellement de l'argent. Plus le revenu augmente, plus l'épargne aussi doit augmenter. En réalité celui qui a un salaire doit considérer uniquement que c'est 70% du salaire qu'il doit consacrer à ces dépenses et impérativement considérer les 30% comme sa réserve financière d'investissement. En réalité, ici, il ne s'agit pas de la thésaurisation ou d'une épargne dormante mais, cette épargne est convertie en réserve financière d'investissement plus tard. C'est également une réserve de sécurité pour lui-même et sa famille.

Celui qui veut accroitre son niveau de vie doit chercher les voies et moyens licites pour diversifier ses sources de revenus tout en respectant la règle de l'épargne obligatoire qui est de 30% du revenu. Cela va lui permettre de changer radicalement ses habitudes de dépenses inutiles qui vont constituer plus tard pour lui comme un piège perpétuel dans lequel il ne pourra plus s'en sortir. Si quelqu'un estime que 30% du revenu est trop pour lui, il ne doit pas descendre en deçà de 20% car là, il ne pourra pas dégager suffisamment de trésorerie. La trésorerie est déterminante pour la liberté financière de l'individu .Lorsque l'être humain est obligé de quémander ou de mendier ou de s'endetter pour des consommations immédiates alors là, il perd sa dignité et ceci est à éviter.

Les portes de l'abondance et de la prospérité s'ouvrent continuellement à celui qui a su constituer ses réserves financières car les réserves financières attirent des opportunités nombreuses.

Dans l'homme le plus riche de Babylone de Georges Clason, l'auteur donne cinq (5) lois sur l'Or qui sont indispensables pour celui qui veut en posséder davantage ;

1) **L'Or ou l'argent vient volontiers, en quantités toujours plus importantes ,à l'homme qui met de côté pas moins du dixième de ses gains pour créer un capital en prévision de son avenir et de celui de sa famille** :l'homme qui économise le dixième de ses gains régulièrement et l'investit sagement réalise sûrement un investissement de valeur qui lui procurera un revenu pour l'avenir et une plus grande sécurité pour sa famille advenant le cas où la mort l'arrache de ce monde. Cette loi énonce que l'or vient toujours librement à un tel homme .Je peux certifier cela en me basant sur ma propre vie .Plus j'accumule l'or, plus l'or vient à moi rapidement et en quantités grandissantes.
2) **L'Or ou l'argent travaille diligemment et de façon rentable pour le sage possesseur qui lui trouve un placement profitable, se multipliant comme les troupeaux des champs** : l'or est assurément un travailleur de bonne volonté .Il est toujours impatient de se multiplier quand l'occasion se présente. A chaque homme qui a un trésor d'or disponible, une occasion vient, lui permettant d'en tirer profit. Au fil des années, il se multiplie de façon surprenante.
3) **L'Or ou l'argent reste sous la protection de son possesseur prudent qui l'investit d'après les conseils des sages** .L'or se cramponne certainement au possesseur prudent même s'il fuit le possesseur insouciant .Celui qui recherche l'avis d'hommes sages dans la façon de transiger l'or apprend vite à ne pas risquer son trésor, mais à le préserver et à l'accroître avec plaisir.

4) **L'Or échappe à l'homme qui investit sans but dans des entreprises qui ne lui sont pas connues ou qui ne sont pas approuvées par ceux qui s'y connaissent dans la façon d'utiliser l'Or**. Pour l'homme qui a de l'Or et qui n'est pas expérimenté, dans la façon de transiger, plusieurs investissements sembles profitables .Trop souvent, ces investissements présentent un danger, et les hommes sages qui les étudient font vite la preuve qu'ils sont très peu rentables. Donc le possesseur d'or inexpérimenté qui écoute son propre jugement et qui investit dans une entreprise qui ne lui est pas familière, découvre souvent que son jugement est imparfait et paie son inexpérience de son trésor. Sage est celui qui investit ses trésors d'après l'avis d'hommes expérimentés dans la façon de gérer l'or.
5) **L'Or fuit l'homme qui le forcerait dans d'impossibles gains, qui suivrait le conseil séduisant des fraudeurs et des escrocs ou qui se fierait à sa propre inexpérience et à ses désirs romantiques d'investissement**. Des propositions farfelues qui excitent comme des aventures parviennent toujours au nouveau possesseur d'or. Elles donnent l'impression de donner à son trésor des puissances magiques qui le rendent capable de faire des gains impossibles. Mais, en vérité, méfiez-vous ; les hommes sages connaissent bien les pièges qui se cachent derrière chaque projet qui prétend enrichir subitement.

Celui qui a compris alors cela pourra toujours reconstituer son trésor si tout venait à disparaitre car il a acquis la connaissance sur le fonctionnement de l'argent et les moyens de l'utiliser pour le conserver, le multiplier, le protéger et le réinvesti dans des activités sures et rentables qui génèrent continuellement de la trésorerie.

Celui qui veut prêter son argent à une tierce personne doit exiger des garanties suffisantes si le doute subsiste en lui et prendre les services d'un notaire ou d'un avocat pour établir un contrat convenablement. Comme l'a dit Georges Clason « Je suis prêteur d'or parce que je possède plus d'or que je n'en ai besoin pour mon propre commerce. Je désire que mon excédent d'or travaille pour les autres et ainsi rapporte encore plus d'or. Je ne veux pas prendre le risque de perdre mon Or, car j'ai beaucoup travaillé et je me suis beaucoup privé pour l'acquérir. Je ne le prêterai donc pas à celui en qui je n'ai pas confiance et qui ne m'assurera pas que l'or me sera rendu. Je ne le prêterai pas non plus si je ne suis pas convaincu que les intérêts de ce prêt ne me seront pas promptement versés.

Il est important alors pour celui qui veut économiser suffisamment d'argent, de s'associer à des hommes et des entreprises dont le succès est établi pour que son trésor puisse s'accroitre beaucoup grâce à leur habileté, et demeure en sécurité grâce à leur sagesse et leur expérience.

Section 2 : La Gestion de la dette

Bien souvent, il arrive que certaines personnes non seulement n'ont pas pu économiser de l'argent mais encore qu'il se lance dans des endettements compliqués qui viennent ruiner leur vie. Celui qui n'est pas capable d'économiser 30% de son revenu, ne doit pas rentrer dans un cercle infernal d'endettement .Le contrôle du revenu est important avant l'endettement. Le serviteur de Dieu ne doit réaliser un endettement que pour investir dans une affaire ou une activité commerciale dont les revenus suffiront pour rembourser ses dettes. Il ne faut pas être un esclave de la dette .Car il faut remarquer que ceux qui vivent sous le poids d'une dette appauvrissante et lourde n'arrivent pas à travailler de leur mieux, n'inspirent pas le respect et ne parviennent pas à bâtir ou à atteindre un but dans leur vie. Dans la famille, il faut habituer les membres à la rigueur financière et à la culture de l'Epargne pour fixer sa Reserve financière d'investissement ou sa réserve de sécurité financière. Pour Napoléon Hill, la dette détruit le couple et l'envie de réussir .Des milliers de jeunes commencent leurs vies de mariés avec des dettes inutiles et ne réussissent jamais à échapper à cette charge. Quand la nouveauté du mariage commence à s'estomper, le couple marié commence à ressentir l'embarras du poids des dettes et ce sentiment augmentera jusqu'à ce qu'il conduise souvent à une insatisfaction et peut-être même au divorce. Un homme esclave de la dette n'a ni le temps ni l'envie d'établir ou de travailler sur des idéaux. Par conséquent, il se laisse aller avec le temps jusqu'à ce qu'il s'installe dans son propre esprit des limites qui le placent dans la prison de la peur et du doute, auxquels il ne peut jamais échapper. Aucun sacrifice n'est de trop grand pour éviter la misère de la dette ! .Pensez alors constamment à ce que vous devez à vous-même et à ceux qui dépendent de vous, et décidez de n'être débiteur de personne. Celui qui est déjà noyé dans les dettes c'est maintenant qu'il doit se ressaisir et faire son budget ou son plan financier annuel ou sur les cinq (5) prochaines années à venir car il est indispensable de prendre des engagements fermes avec ses créanciers et prendre la résolution de rembourser ses dettes. Celui qui rembourse ses dettes est apprécié des gens et acquiert la confiance des banques et des institutions financières de crédit.

L'endettement crée des situations désagréables et d'extrêmes humiliations quand il n'est pas maitrisé et orienter vers des investissements surs et rentables .L'histoire suivante racontée par Dabassir est bien illustratif dans l'homme le plus riche de Babylone : «L'histoire que je vais raconter, relate ma jeunesse et mes débuts en tant que marchand de chameaux. Quand j'étais jeune homme, j'ai appris le métier de mon père, la fabrication de selles. J'ai travaillé avec lui dans sa boutique et je me suis marié. Etant jeune et peu expérimenté, je gagnais peu ; juste assez pour subvenir modestement aux besoins de mon excellente épouse. J'étais avide de bonnes choses que je ne pouvais pas m'offrir .Je me suis vite aperçu que des propriétaires de boutiques m'accordaient un crédit même si je ne pouvais pas les payer à temps. Jeune et sans expérience, j'ignorais que celui qui dépense plus qu'il ne gagne sème les vents de l'inutile indulgence envers soi dont il est assuré de recueillir les tourbillons de problèmes et d'humiliations. Ainsi, j'ai succombé à mes caprices et me suis acheté de beaux habits et des biens de luxe pour ma bonne épouse et notre maison, sans en avoir les moyens. J'ai payé comme j'ai pu et pendant un certain temps, tout s'est bien déroulé. Mais un jour j'ai découvert que mes gains étaient insuffisants pour vivre et payer mes dettes.

Mes créanciers ont commencé à me poursuivre pour que je paie mes achats extravagants et ma vie est devenue misérable. J'ai emprunté à mes amis, sans pouvoir les rembourser non plus. Les choses allaient de mal en pis. Ma femme est retournée chez son père et j'ai décidé de quitter Babylone pour une autre ville où un jeune homme pouvait avoir de meilleures chances. Pendant deux ans, j'ai connu une vie agitée et sans succès, voyageant avec les caravanes des marchands. Puis, je me suis joint à un groupe de voleurs affables qui parcouraient le désert en quête de caravanes non armées. De telles actions étaient indignes du fils de mon père, un homme honnête et intègre. Mais je voyais le monde à travers une pierre colorée et je ne me rendais pas compte à quel niveau de dégradation j'étais tombé. »

Ceci montre à quels points vivre au-dessus de ses moyens et s'endettant pour acquérir des biens de luxes et des consommables mènent à la dérive et à la pauvreté. Ainsi, les dettes contractées pour du luxe ou de la consommation immédiate sont à éviter car elles deviennent une perte définitive pour le contractant. Par contre, les dettes contractées pour réaliser des investissements qui génèrent des flux de trésorerie capables d'assurer le remboursement périodiques sont conseillées. Mais il est important également que le remboursement mensuel de la dette ne dépasse pas plus de 35% pour du revenu généré par la personne. Nous allons donner un exemple illustratif

1) Exemple 1 : Revenu mensuel de Maimouna de 300 000 F

Maimouna vit avec sa maman et son petit frère dans la cours laissée par son défunt père. Elle travaille comme analyste financier dans une institution de microfinance et perçoit un salaire mensuel de 300 000 F .Elle décide d'acquérir deux taxis pour avoir des revenus supplémentaires pour mieux s'occuper de sa famille car depuis le départ de son papa , elle s'occupe de sa maman et son petit frère qui poursuit les études dont les frais de scolarité au collège en classe de sixième s'élèvent annuellement à Maimouna 100 000 F.Maimouna donne une ration de 30 mille FCFA par mois à sa maman. Maimouna a vu son banquier pour demander un crédit de 6 millions remboursable sur 5 ans avec un taux d'intérêt de 8% l'an. Le coût d'achat d'un taxi est de 2 500 000F. Après avoir reçu le tableau d'amortissement de sa Banque présenté ci-dessous, Maimouna décide de mettre à jour son Budget .Elle a trouvé grâce à un ami deux chauffeurs expérimentés pour un salaire de 80 000F chacun. Le contrat formalisé chez son avocat ,stipule que les chauffeurs sont responsables de l'entretien des véhicules et chaque chauffeur a l'obligation de verser une recette journalière de 10 000 F à Maimouna sur 25 jours dans un mois .Au bout des cinq (5) ans ,les taxis reviennent aux chauffeurs. La mutation est facilitée par Maimouna. Les contrats sont conclus et acceptés par les parties et Maimouna est satisfait. En tant que bonne gestionnaire, Maimouna présente son budget pour un meilleur suivi.

Tableau d'amortissement de la dette de Maimouna

TABLEAU D'AMORTISSEMENT INTERNE						
CREANCIER BANQUE		BANK OF AFRICA				
DEBITEUR		MAIMOUNA				
MONTANT DU PRÊT		6 000 000		**DU 20/01/2017 AU 20/12/2021**		
NOMBRE ECHEANCE		60				
TAUX ANNUEL		8%				
TAUX MENSUEL EQUIVALENT		0,0064340				
PERIODICITE		MENSUELLE				
CREDIT D'EQUIPEMENT		EQUIPEMENT				
N°	Date d'échéance	MONTANT REMBOURSEMENT	MONTANT INTERET	CAPITAL AMORTI	AMORT CUMULE	CAPITAL RESTANT DU
1	20/01/2017	**120 858**	**38 604**	82 254	82 254	5 917 746
2	20/02/2017	**120 858**	**38 075**	82 783	165 037	5 834 963
3	20/03/2017	**120 858**	**37 542**	83 316	248 353	5 751 647
4	20/04/2017	**120 858**	**37 006**	83 852	332 204	5 667 796
5	20/05/2017	**120 858**	**36 467**	84 391	416 595	5 583 405
6	20/06/2017	**120 858**	**35 924**	84 934	501 530	5 498 470
7	20/07/2017	**120 858**	**35 377**	85 481	587 010	5 412 990
8	20/08/2017	**120 858**	**34 827**	86 031	673 041	5 326 959
9	20/09/2017	**120 858**	**34 274**	86 584	759 625	5 240 375
10	20/10/2017	**120 858**	**33 717**	87 141	846 766	5 153 234
11	20/11/2017	**120 858**	**33 156**	87 702	934 468	5 065 532
12	20/12/2017	**120 858**	**32 592**	88 266	1 022 735	4 977 265
13	20/01/2018	**120 858**	**32 024**	88 834	1 111 569	4 888 431
14	20/02/2018	**120 858**	**31 452**	89 406	1 200 974	4 799 026
15	20/03/2018	**120 858**	**30 877**	89 981	1 290 955	4 709 045
16	20/04/2018	**120 858**	**30 298**	90 560	1 381 515	4 618 485
17	20/05/2018	**120 858**	**29 715**	91 143	1 472 658	4 527 342
18	20/06/2018	**120 858**	**29 129**	91 729	1 564 387	4 435 613
19	20/07/2018	**120 858**	**28 539**	92 319	1 656 706	4 343 294
20	20/08/2018	**120 858**	**27 945**	92 913	1 749 619	4 250 381

21	20/09/2018	**120 858**	**27 347**	93 511	1 843 130	4 156 870
22	20/10/2018	**120 858**	**26 745**	94 113	1 937 242	4 062 758
23	20/11/2018	**120 858**	**26 140**	94 718	2 031 961	3 968 039
24	20/12/2017	**120 858**	**25 530**	95 328	2 127 288	3 872 712
25	20/01/2019	**120 858**	**24 917**	95 941	2 223 229	3 776 771
26	20/02/2019	**120 858**	**24 300**	96 558	2 319 787	3 680 213
27	20/03/2019	**120 858**	**23 679**	97 179	2 416 966	3 583 034
28	20/04/2019	**120 858**	**23 053**	97 805	2 514 771	3 485 229
29	20/05/2019	**120 858**	**22 424**	98 434	2 613 205	3 386 795
30	20/06/2019	**120 858**	**21 791**	99 067	2 712 272	3 287 728
31	20/07/2019	**120 858**	**21 153**	99 705	2 811 977	3 188 023
32	20/08/2019	**120 858**	**20 512**	100 346	2 912 323	3 087 677
33	20/09/2019	**120 858**	**19 866**	100 992	3 013 315	2 986 685
34	20/10/2019	**120 858**	**19 216**	101 642	3 114 957	2 885 043
35	20/11/2019	**120 858**	**18 562**	102 296	3 217 252	2 782 748
36	20/12/2019	**120 858**	**17 904**	102 954	3 320 206	2 679 794
37	20/01/2020	**120 858**	**17 242**	103 616	3 423 822	2 576 178
38	20/02/2020	**120 858**	**16 575**	104 283	3 528 105	2 471 895
39	20/03/2020	**120 858**	**15 904**	104 954	3 633 058	2 366 942
40	20/04/2020	**120 858**	**15 229**	105 629	3 738 687	2 261 313
41	21/04/2020	**120 858**	**14 549**	106 309	3 844 996	2 155 004
42	22/04/2020	**120 858**	**13 865**	106 993	3 951 989	2 048 011
43	23/04/2020	**120 858**	**13 177**	107 681	4 059 670	1 940 330
44	24/04/2020	**120 858**	**12 484**	108 374	4 168 044	1 831 956
45	25/04/2020	**120 858**	**11 787**	109 071	4 277 115	1 722 885
46	26/04/2020	**120 858**	**11 085**	109 773	4 386 888	1 613 112
47	27/04/2020	**120 858**	**10 379**	110 479	4 497 367	1 502 633
48	28/04/2020	**120 858**	**9 668**	111 190	4 608 557	1 391 443
49	29/04/2020	**120 858**	**8 953**	111 905	4 720 462	1 279 538
50	30/04/2020	**120 858**	**8 233**	112 625	4 833 088	1 166 912

51	01/05/2020	**120 858**	**7 508**	113 350	4 946 438	1 053 562
52	02/05/2020	**120 858**	**6 779**	114 079	5 060 517	939 483
53	03/05/2020	**120 858**	**6 045**	114 813	5 175 330	824 670
54	04/05/2020	**120 858**	**5 306**	115 552	5 290 883	709 117
55	05/05/2020	**120 858**	**4 562**	116 296	5 407 178	592 822
56	06/05/2020	**120 858**	**3 814**	117 044	5 524 222	475 778
57	07/05/2020	**120 858**	**3 061**	117 797	5 642 019	357 981
58	08/05/2020	**120 858**	**2 303**	118 555	5 760 573	239 427
59	09/05/2020	**120 858**	**1 540**	119 318	5 879 891	120 109
60	10/05/2020	**120 858**	**773**	120 109	6 000 000	-
TOTAL		**7 251 480**	**1 251 504**	**6 000 000**		

Budget annuel de Maimouna

Maimouna sachant que sa banque lui prélève à la source sur son salaire la somme de 120 858 F chaque mois, est résolument décidée à exécuter son budget suivant les contraintes fixées :

Budget de trésorerie annuel Part1 Jan-Juin

	janv-17	févr-17	mars-17	avr-17	mai-17	juin-17
TRESORERIE INITIALE	**150 000**	**129 142**	**148 284**	**167 426**	**156 568**	**175 710**
RECETTES						
SALAIRE NET MENSUEL	300 000	300 000	300 000	300 000	300 000	300 000
RECETTE DE TAXI 1	250 000	250 000	250 000	250 000	250 000	250 000
RECETTE DE TAXI 1	250 000	250 000	250 000	250 000	250 000	250 000
FORMATION EN LIGNE EN FINANCE						
RECHERCHE DE FINANCEMENT						
TOTAL DES RECETTES	**800 000**	**800 000**	**800 000**	**800 000**	**800 000**	**800 000**
DEPENSES						
EPARGNE CONSTITUEE (30% du salaire net)	- 90 000	- 90 000	- 90 000	- 90 000	- 90 000	- 90 000
RESERVE DE SECURITE 1 (50% RECETTE TAXI1)	- 125 000	- 125 000	- 125 000	- 125 000	- 125 000	- 125 000
RESERVE DE SECURITE 2 (50% RECETTE TAXI1)	- 125 000	- 125 000	- 125 000	- 125 000	- 125 000	- 125 000
RATION DE FAMILLE (25% su salaire net)	- 75 000	- 75 000	- 75 000	- 75 000	- 75 000	- 75 000
RATION DE MAMAN	- 30 000	- 30 000	- 30 000	- 30 000	- 30 000	- 30 000
RATION DE PETIT FRERE	- 15 000	- 15 000	- 15 000	- 15 000	- 15 000	- 15 000
FRAIS DE SCOLARITE PETIT FRERE	- 40 000			- 30 000		- 30 000
SALAIRE CHAUFFEUR 1	- 80 000	- 80 000	- 80 000	- 80 000	- 80 000	- 80 000
SALAIRE CHAUFFEUR 2	- 80 000	- 80 000	- 80 000	- 80 000	- 80 000	- 80 000
REMBOURSEMENT BANCAIRE	- 120 858	- 120 858	- 120 858	- 120 858	- 120 858	- 120 858
RATION DE POCHE MAIMOUNA	- 40 000	- 40 000	- 40 000	- 40 000	- 40 000	- 40 000
TOTAL DES DEPENSES	**- 820 858**	**- 780 858**	**- 780 858**	**- 810 858**	**- 780 858**	**- 810 858**
ECART DE TRESORERIE	129 142	148 284	167 426	156 568	175 710	164 852
POSITION COMPTE DE VIREMENT SALAIRE	129 142	148 284	167 426	156 568	175 710	164 852
POSITION COMPTE D'EPARGNE 1 BLOQUEE	90 000	180 000	270 000	360 000	450 000	540 000
POSITION COMPTE D'EPARGNE 2	250 000	500 000	750 000	1 000 000	1 250 000	1 500 000
TRESORERIE DISPONIBLE EN BANQUE	**469 142**	**828 284**	**1 187 426**	**1 516 568**	**1 875 710**	**2 204 852**

Budget de trésorerie annuel Part2 Juil-Déc

	juil-17	août-17	sept-17	oct-17	nov-17	déc-17
TRESORERIE INITIALE	**164 852**	**183 994**	**173 136**	**162 278**	**151 420**	**140 562**
RECETTES						
SALAIRE NET MENSUEL	300 000	300 000	300 000	300 000	300 000	300 000
RECETTE DE TAXI 1	250 000	250 000	250 000	250 000	250 000	250 000
RECETTE DE TAXI 1	250 000	250 000	250 000	250 000	250 000	250 000
FORMATION EN LIGNE EN FINANCE						
RECHERCHE DE FINANCEMENT						
TOTAL DES RECETTES	**800 000**	**800 000**	**800 000**	**800 000**	**800 000**	**800 000**
DEPENSES						
EPARGNE CONSTITUEE (30% du salaire net)	- 90 000	- 90 000	- 90 000	- 90 000	- 90 000	- 90 000
RESERVE DE SECURITE 1 (50% RECETTE TAXI1)	- 125 000	- 125 000	- 125 000	- 125 000	- 125 000	- 125 000
RESERVE DE SECURITE 2 (50% RECETTE TAXI1)	- 125 000	- 125 000	- 125 000	- 125 000	- 125 000	- 125 000
RATION DE FAMILLE (25% su salaire net)	- 75 000	- 75 000	- 75 000	- 75 000	- 75 000	- 75 000
RATION DE MAMAN	- 30 000	- 30 000	- 30 000	- 30 000	- 30 000	- 30 000
RATION DE PETIT FRERE	- 15 000	- 15 000	- 15 000	- 15 000	- 15 000	- 15 000
FRAIS DE SCOLARITE PETIT FRERE		- 30 000	- 30 000	- 30 000	- 30 000	- 30 000
SALAIRE CHAUFFEUR 1	- 80 000	- 80 000	- 80 000	- 80 000	- 80 000	- 80 000
SALAIRE CHAUFFEUR 2	- 80 000	- 80 000	- 80 000	- 80 000	- 80 000	- 80 000
REMBOURSEMENT BANCAIRE	- 120 858	- 120 858	- 120 858	- 120 858	- 120 858	- 120 858
RATION DE POCHE MAIMOUNA	- 40 000	- 40 000	- 40 000	- 40 000	- 40 000	- 40 000
TOTAL DES DEPENSES	**- 780 858**	**- 810 858**	**- 810 858**	**- 810 858**	**- 810 858**	**- 810 858**
ECART DE TRESORERIE	183 994	173 136	162 278	151 420	140 562	129 704
POSITION COMPTE DE VIREMENT SALAIRE	183 994	173 136	162 278	151 420	140 562	129 704
POSITION COMPTE D'EPARGNE 1 BLOQUEE	630 000	720 000	810 000	900 000	990 000	1 080 000
POSITION COMPTE D'EPARGNE 2	1 750 000	2 000 000	2 250 000	2 500 000	2 750 000	3 000 000
TRESORERIE DISPONIBLE EN BANQUE	**2 563 994**	**2 893 136**	**3 222 278**	**3 551 420**	**3 880 562**	**4 209 704**

Maimouna a réussi grâce à son salaire à développer une activité parallèle de transport par l'acquisition de deux taxis qui lui génèrent comme revenu presque deux fois son salaire.

En plus de cela grâce à son budget ,elle a une maitrise de ses dépenses obligatoires et disposent chaque année d'une trésorerie bancaire de quatre millions deux cent neuf mille sept cent quatre (4 209 704) F.Cela montre l'importance de l'investissement à partir de ce que l'on possède avec une utilisation judicieuse de sa dette.

Bien souvent, certaines personnes deviennent esclaves de la dette et s'endettent pour s'amuser et dilapider les fonds prêtés par la Banque. Ceci n'est pas un bon comportement .Il faut toujours avoir à l'esprit que lorsque l'on s'endette auprès d'un établissement de crédit, c'est pour réinvestir cette somme reçue dans une activité lucrative dont les revenus suffiront à rembourser la dette périodiquement selon l'échéancier fourni par la Banque.

Il ne faut pas que celui ou celle qui contracte une dette soit dans la peur .Quelque soient le poids de la dette, c'est de mettre en place un système efficace de planification budgétaire pour pouvoir le rembourser. En cas de problème particulier, il est important de garder son sang-froid, et de toujours réfléchir sur des moyens efficaces de solutions. Au cas où vraiment, aucune idée ou une opportunité d'affaires ne se présente, il est important de ne pas s'endetter. Il faut absolument éviter les dettes inutiles appauvrissantes.

Section 3 : La Gestion Budgétaire

Le budget est un document établit annuellement ou au moins sur une période minimum de six (6) mois qui retrace la situation de la trésorerie d'une entité personne physique ou morale. Le Budget est très important et obligatoire en ce sens que il permet une maitrise des flux de trésorerie entrant (recettes) et des flux de trésorerie sortant (dépenses) .La bonne gestion budgétaire suppose une bonne rigueur dans la maitrise de ses dépenses en fixant les priorités budgétaires afin d'éviter des trésoreries négatives engendrées par une personne qui décide de vivre au-dessus de ses moyens. Les trois grandes rubriques du Budget sont les Recettes, les Dépenses et la Trésorerie. Il faut alors s'assurer toujours à dégager une trésorerie positive. C'est d'ailleurs pourquoi, nous avons dit qu'il est important de fixer sa trésorerie comme suit à travers l'équation suivante :

Dépenses =Revenus – Réserves financières d'investissement

Avec Réserves financières d'investissement =30% Revenus

Ainsi, nous sommes sur que les dépenses seront gérées suivant la contrainte suivante :

Dépenses < 70% Revenus.

Cela implique que les dépenses d'un individu ne doivent jamais excéder plus de 70% de ses révenus.Ceci est une habitude qu'il faut adopter .C'est un principe primordial d'indépendance financière que de disposer toujours de la trésorerie en constituant sa réserve financière d'investissement.

Nous allons reprendre l'exemple donné ci-dessus en faisant un commentaire sur la situation budgétaire de Maimouna .Mais cette fois ci, nous allons séparer son activité professionnelle de son activité commerciale.

1. Budget personnel Maimouna

Le budget personnel de Maimouna présenté ci-dessus :

Budget de trésorerie annuel Part1 Jan-Juin

	janv-17	févr-17	mars-17	avr-17	mai-17	juin-17
TRESORERIE INITIALE	**150 000**	**160 000**	**210 000**	**260 000**	**280 000**	**330 000**
RECETTES						
SALAIRE NET MENSUEL	300 000	300 000	300 000	300 000	300 000	300 000
TOTAL DES RECETTES	**300 000**	**300 000**	**300 000**	**300 000**	**300 000**	**300 000**
DEPENSES						
EPARGNE CONSTITUEE (30% du salaire net)	- 90 000	- 90 000	- 90 000	- 90 000	- 90 000	- 90 000
RATION DE FAMILLE (25% su salaire net)	- 75 000	- 75 000	- 75 000	- 75 000	- 75 000	- 75 000
RATION DE MAMAN	- 30 000	- 30 000	- 30 000	- 30 000	- 30 000	- 30 000
RATION DE PETIT FRERE	- 15 000	- 15 000	- 15 000	- 15 000	- 15 000	- 15 000
FRAIS DE SCOLARITE PETIT FRERE	- 40 000			- 30 000		- 30 000
RATION DE POCHE MAIMOUNA	- 40 000	- 40 000	- 40 000	- 40 000	- 40 000	- 40 000
TOTAL DES DEPENSES	**- 290 000**	**- 250 000**	**- 250 000**	**- 280 000**	**- 250 000**	**- 280 000**
ECART DE TRESORERIE	160 000	210 000	260 000	280 000	330 000	350 000
POSITION COMPTE DE VIREMENT SALAIRE	160 000	210 000	260 000	280 000	330 000	350 000
POSITION COMPTE D'EPARGNE 1 BLOQUEE	90 000	180 000	270 000	360 000	450 000	540 000
TRESORERIE DISPONIBLE EN BANQUE	**250 000**	**390 000**	**530 000**	**640 000**	**780 000**	**890 000**

Budget de trésorerie annuel Part2 Juil-Déc

	juil-17	août-17	sept-17	oct-17	nov-17	déc-17
TRESORERIE INITIALE	**350 000**	**400 000**	**420 000**	**440 000**	**460 000**	**480 000**
RECETTES						
SALAIRE NET MENSUEL	300 000	300 000	300 000	300 000	300 000	300 000
TOTAL DES RECETTES	**300 000**	**300 000**	**300 000**	**300 000**	**300 000**	**300 000**
DEPENSES						
EPARGNE CONSTITUEE (30% du salaire net)	- 90 000	- 90 000	- 90 000	- 90 000	- 90 000	- 90 000
RATION DE FAMILLE (25% su salaire net)	- 75 000	- 75 000	- 75 000	- 75 000	- 75 000	- 75 000
RATION DE MAMAN	- 30 000	- 30 000	- 30 000	- 30 000	- 30 000	- 30 000
RATION DE PETIT FRERE	- 15 000	- 15 000	- 15 000	- 15 000	- 15 000	- 15 000
FRAIS DE SCOLARITE PETIT FRERE		- 30 000	- 30 000	- 30 000	- 30 000	- 30 000
RATION DE POCHE MAIMOUNA	- 40 000	- 40 000	- 40 000	- 40 000	- 40 000	- 40 000
TOTAL DES DEPENSES	**- 250 000**	**- 280 000**	**- 280 000**	**- 280 000**	**- 280 000**	**- 280 000**
ECART DE TRESORERIE	400 000	420 000	440 000	460 000	480 000	500 000
POSITION COMPTE DE VIREMENT SALAIRE	400 000	420 000	440 000	460 000	480 000	500 000
POSITION COMPTE D'EPARGNE 1 BLOQUEE	630 000	720 000	810 000	900 000	990 000	1 080 000
TRESORERIE DISPONIBLE EN BANQUE	**1 030 000**	**1 140 000**	**1 250 000**	**1 360 000**	**1 470 000**	**1 580 000**

Maimouna a compris que avec une meilleure gestion de son budget personnel qu'il fallait fixer ses dépenses en déduisant en premier ses réserves de son revenu mensuel soit 30% de son salaire qu'elle met directement dans son compte d'épargne bloquée dont la position annuelle est de **un million cinq cent quatre-vingt mille (1 580 000) F**.De plus ,son compte de virement de salaire présente un solde positif annuel de **cinq cent mille (500 000) F**.Elle a toujours une marge de manœuvre importante pour utiliser son compte de virement à sa guise mais tout en évitant des dépenses inutiles.

Dans le tableau ci-dessous, nous allons proposer des seuils à ne pas franchir pour une meilleure gestion de son revenu .Ce tableau est un repère pour mieux contrôler son budget .Il faut gérer le budget salarial suivant trois parties obéissant à la règle des 30/50/20 % du revenu salarial net. Selon cette règle 30% du salaire sera affecté aux réserves financière de sécurité .Les 50% aux dépenses obligatoires et les 20% restant aux autres dépenses.

Proportions du salaire	**Destination**
30%	Réserves financières d'investissement -10% Epargne obligatoire de sécurité -20% Réinvestissement ou placement ou achat d'obligations d'Etat ou autres activités rentables qui génèrent du cash ou encore acquisition d'un savoir qui accroit votre expertise dans votre domaine.
50%	**Dépenses obligatoires**
	-15% pour Le Loyer
	-20% pour la nourriture
	-5% pour l'électricité et l'eau
	-5% pour le déplacement ou transport
	-5% pour autres dépenses jugées obligatoires
20%	**Autres dépenses :** -10% pour sa bibliothèque, voyages ou autres envies. -10% assistances et urgences familiales

2. Budget commercial Maimouna

Le budget commercial de Maimouna est présenté ci-dessous :

Budget de trésorerie annuel Part1 Jan-Juin

	janv-17	févr-17	mars-17	avr-17	mai-17	juin-17
TRESORERIE INITIALE		**- 30 858**	**- 61 716**	**- 92 574**	**- 123 432**	**- 154 290**
RECETTES						
RECETTE DE TAXI 1	250 000	250 000	250 000	250 000	250 000	250 000
RECETTE DE TAXI 1	250 000	250 000	250 000	250 000	250 000	250 000
TOTAL DES RECETTES	**500 000**	**500 000**	**500 000**	**500 000**	**500 000**	**500 000**
DEPENSES						
RESERVE DE SECURITE 1 (50% RECETTE TAXI1)	- 125 000	- 125 000	- 125 000	- 125 000	- 125 000	- 125 000
RESERVE DE SECURITE 2 (50% RECETTE TAXI1)	- 125 000	- 125 000	- 125 000	- 125 000	- 125 000	- 125 000
SALAIRE CHAUFFEUR 1	- 80 000	- 80 000	- 80 000	- 80 000	- 80 000	- 80 000
SALAIRE CHAUFFEUR 2	- 80 000	- 80 000	- 80 000	- 80 000	- 80 000	- 80 000
REMBOURSEMENT BANCAIRE	- 120 858	- 120 858	- 120 858	- 120 858	- 120 858	- 120 858
TOTAL DES DEPENSES	**- 530 858**	**- 530 858**	**- 530 858**	**- 530 858**	**- 530 858**	**- 530 858**
ECART DE TRESORERIE	- 30 858	- 61 716	- 92 574	- 123 432	- 154 290	- 185 148
POSITION COMPTE DE VIREMENT SALAIRE	- 30 858	- 61 716	- 92 574	- 123 432	- 154 290	- 185 148
POSITION COMPTE D'EPARGNE 2	250 000	500 000	750 000	1 000 000	1 250 000	1 500 000
TRESORERIE DISPONIBLE EN BANQUE	**219 142**	**438 284**	**657 426**	**876 568**	**1 095 710**	**1 314 852**

Budget de trésorerie annuel Part 2 Juil-Déc

	juil-17	août-17	sept-17	oct-17	nov-17	déc-17
TRESORERIE INITIALE	- 185 148	- 216 006	- 246 864	- 277 722	- 308 580	- 339 438
RECETTES						
RECETTE DE TAXI 1	250 000	250 000	250 000	250 000	250 000	250 000
RECETTE DE TAXI 1	250 000	250 000	250 000	250 000	250 000	250 000
TOTAL DES RECETTES	500 000	500 000	500 000	500 000	500 000	500 000
DEPENSES						
RESERVE DE SECURITE 1 (50% RECETTE TAXI1)	- 125 000	- 125 000	- 125 000	- 125 000	- 125 000	- 125 000
RESERVE DE SECURITE 2 (50% RECETTE TAXI1)	- 125 000	- 125 000	- 125 000	- 125 000	- 125 000	- 125 000
SALAIRE CHAUFFEUR 1	- 80 000	- 80 000	- 80 000	- 80 000	- 80 000	- 80 000
SALAIRE CHAUFFEUR 2	- 80 000	- 80 000	- 80 000	- 80 000	- 80 000	- 80 000
REMBOURSEMENT BANCAIRE	- 120 858	- 120 858	- 120 858	- 120 858	- 120 858	- 120 858
TOTAL DES DEPENSES	- 530 858	- 530 858	- 530 858	- 530 858	- 530 858	- 530 858
ECART DE TRESORERIE	- 216 006	- 246 864	- 277 722	- 308 580	- 339 438	- 370 296
POSITION COMPTE DE VIREMENT SALAIRE	- 216 006	- 246 864	- 277 722	- 308 580	- 339 438	- 370 296
POSITION COMPTE D'EPARGNE 2	1 750 000	2 000 000	2 250 000	2 500 000	2 750 000	3 000 000
TRESORERIE DISPONIBLE EN BANQUE	1 533 994	1 753 136	1 972 278	2 191 420	2 410 562	2 629 704

Lorsque nous analysons le budget de trésorerie commercial, nous nous apercevons que l'écart de trésorerie est négatif. Mais que sa trésorerie disponible en banque est positive et présente un solde annuel de **deux millions six cent vingt-neuf mille sept cent quatre (2 629 704) F**.Maimouna a pris l'option de constituer deux réserves qui représentent 50% des recettes générées par ses deux taxis. Elle a compris que quand on a l'occasion d'économiser plus, il faut le faire. Par contre au niveau du budget des salaires elle n'a pris que 30% du salaire.

Section 4 : La Gestion de la réserve financière d'investissement

La réserve financière d'investissement est la clé de la liberté financière d'une personne physique ou morale. Elle rassure la personne qu'elle dispose assez de trésorerie pour faire face à des engagements ponctuels futurs .Seule la trésorerie apporte de la liberté financière et permet de saisir les opportunités intéressantes. La réserve financière d'investissement offre à l'individu une certaine assurance qu'il dispose d'un levier important du cash qui est un gage de sa solvabilité aussi. Pour atteindre l'indépendance financière, il faut fixer une réserve financière à 30% des entrées de fonds généré par ses activités.

1) **Equation de la Réserve financière d'investissement (RFI)** :

La RFI =30% Revenu

Lorsque nous fixons la RFI à ce pourcentage c'est pour permettre à chaque personne de comprendre que le revenu dont il dispose n'est pas destiné totalement à la consommation. Ces 30% stimulent l'intelligence financière qui poussera à chaque fois l'individu à rechercher des activités commerciales qui lui généreront continuellement du cash. C'est très important de ne pas avoir les poches vides. Cela est stressant pour l'individu et pour sa famille. Afin d'éviter ce stress inutile, il est alors crucial de respecter ce levier financier important.

2) **Destination de la RFI** :

La RFI est destinée aux opportunités d'investissement intéressantes qui se présentent à l'individu. Mais primordialement, elles doivent être logées dans des comptes d'épargne en attendant leur affectation à des dépenses d'investissement génératrices de profit et de trésorerie. Parmi également les destinations de la RFI, nous pouvons avoir :

- **La formation dans une expertise donnée :** la personne peut investir dans sa formation pour détenir une expertise qui pourra lui permettre encore d'augmenter ses compétences .L'investissement sur soi est un meilleur levier pour attirer la faveur des grandes entreprises qui exigent une compétence spécialisée.
- **Les obligations d'Etat :** les états lancent des appel public à l'épargne à travers des titres de dettes rémunérés le plus souvent à des taux interessants.Les personnes physiques ou morales pourront saisir cette opportunité pour investir dans les obligations d'Etat.
- **Les actions des entreprises florissantes :** la RFI peut être également investis par acquisition des actions d'une entreprise et qui confèrent à son détenteur un titre de propriété. Chaque année la personne détentrice des actions reçoit des dividendes. Le détenteur des actions d'une entreprise est copropriétaire et peut suivre l'évolution de l'entreprise afin de prendre des décisions importantes pour l'avenir.
- **Produire une œuvre intellectuelle** :la personne a l'opportunité de planifier sa RFI pour écrire un livre intéressant sur des thématiques sociaux qui auront un fort impact sur la société et dans le monde.

- **Participer à la création d'une société :** la personne peut participer à la création d'une société avec plusieurs autres actionnaires responsables et engagés dans des projets à fort impact.
- **Créer des applications ou inventer quelque chose :** créer une application dans son domaine ou inventer des choses utiles pour la société .Répondre aux besoins de la communauté en créant des biens utilises à la communauté.
- **Délivrer des formations dans son domaine :** saisir l'opportunité en donnant des prestations intellectuelles à des gens de la communauté qui sont dans le besoin d'apprendre.
- **Créer une chaine You tube et la monétiser :** plusieurs personnes créent des chaines You tube spécialisée dans l'information et la diffusion de connaissance qui ont de forts impacts sur la communauté.

La RFI est vraiment un atout pour celui ou celle qui sait comment l'utiliser afin qu'elle soit un arbre à cash continuel.

Précisons : Il est important de préciser que la RFI ne doit pas être totalement investie car cela reviendrait à épuiser toutes ses réserves de trésorerie. C'est pourquoi il est indispensable que seulement **60% de RFI** soit consacrée aux dépenses d'investissement. L'autre partie doit être considérée comme une réserve de sécurité obligatoire.

Section 5 : La Gestion des Investissements

La gestion des investissements est cruciale pour une personne. Un investissement par définition est l'acquisition d'un bien ou d'un actif détenu par une personne qui est susceptible de lui générer des flux futurs de trésorerie. Celui qui acquiert des investissements doit bien s'assurer de leur bonne gestion afin de ne pas perdre les fruits de son investissement .C'est pourquoi, il est primordial de ne pas investir dans des actifs qu'on ne contrôle pas. Nous n'allons pas rentrer dans des considérations financières trop complexes mais, ce qu'il faut retenir ici à travers la gestion des investissements, c'est la maitrise du processus d'investissement par une personne physique ou morale.

Que les investissements soit corporels (acquisition de terrain, d'usine, d'unités de production, de transformation, acquisition des immeubles, des matériels de transports…) ou que les investissements soient incorporels (acquisition d'une marque, d'un fonds de commerces, d'une activité de recherche et développement, de la création d'un logiciel ou d'une application) ce qui est important c'est sa capacité à générer de la trésorerie.

Quelqu'un peut acquérir un terrain par exemple dans le but de la revendre plus tard et avoir une plus-value. Il doit bien se renseigner sur le site et les documents comme le titre de propriété .Pour cela, il est important d'utiliser les services d'un notaire et les agents des cadastres de la localité où se situent les terrains. L'immobilier prend constamment de la valeur et donc il est important quand on investit dans l'immobilier d'avoir les informations nécessaires avant de se lancer. Quelqu'un peut acquérir par exemple une villa, et au lieu de l'occuper lui-même décide de la mettre en location pour avoir des revenus locatifs.

Quelqu'un peut également décider d'investir dans le transport en acquérant des matériels de transports comme l'a fait Maimouna et espérer des recettes intéressantes. Quelqu'un peut décider de créer un logiciel de gestion parce qu'il a constaté que les besoins sont grands et faire payer des redevances à ses clients.

L'approche d'investissement telle que nous la percevons est une approche de l'actif ou du passif qui génèrent continuellement de l'argent. Que l'actif soit acquis par la Réserve financière d'investissement ou par un emprunt bancaire, ce qui est important c'est que cela dégage assez de trésorerie pour rembourser la dette et constituer une richesse pour son détenteur. La gestion d'un investissement repose alors sur trois leviers importants :

1) **Premier levier : le choix de l'investissement** :

Le choix de l'investissement est important. Celui qui n'est pas certain de là où il veut mettre son argent, peut être convaincu qu'il va perdre sa fortune. Le choix d'investissement ou du projet obéit aux principes de la connaissance car sans connaissance, il est déconseillé d'investir. Il est préférable encore de mettre son argent dans une obligation d'Etat car on peut être sûr d'avoir son capital et les intérêts en sus car l'Etat est toujours solvables. Mais pour celui qui a un projet comme par exemple la mise en place d'une usine de transformation d'huile ,de tomate ,de chaussures ,de boissons .etc…,il lui faut maitriser la chaine de valeurs depuis l'acquisition des matières premières ,des matériels de production ,du systèmes de production ,de la production jusqu'à la transformation et la distribution. C'est pourquoi cela nécessite de la documentation afin de mieux sélectionner son investissement .La sélection obéit à la production du plan d'affaire qui devra s'articuler autour de cinq (5) phases obligatoires :

- Etude marketing et commerciale
- Etude de faisabilité technique et industrielle
- Une étude d'impact
- Une étude financière
- Une étude des risques et de la rentabilité

Il faut connaitre les débouchés au préalable avant de se lancer dans un processus d'investissement .Il ne faut pas produire pour produire, il faut produire pour vendre .Il faut que la production réponde à des besoins du marché.

2) **Deuxième levier : le mode de financement**

Lorsque nous mettons en place un système d'investissement, nous devons évaluer nos moyens financiers pour sa mise en place. Quelle est la meilleure structure financière pour sa réalisation .Nous pouvons avoir trois principales sources financements :

- **Financement par fonds propres :** par un capital détenu exclusivement par le détenteur de l'investissement.
- **Financement par endettement :** par emprunt auprès d'un établissement financier .Il est important de ne pas s'endetter au début d'un projet auprès de tierces personnes car en cas de risques de perte majeure, cela peut constituer de graves problèmes pour l'emprunteur.Génaralement l'argent des gens pour investir dans un processus d'investissement peut être une grande source de problèmes en cas de pertes car les particuliers ne voudront rien comprendre et ils useront de tous les moyens pour récupérer leurs fonds investis. C'est pourquoi, il est conseillé de privilégier les établissements de crédits. Mais toujours s'assurer de sa solvabilité.

- **Financement mixte :** il combine à la fois fonds propres et dettes. Le principe ici est de trouver la meilleure structure financière qui allient à la fois fonds propres et les dettes pour lever le capital suffisant à la mise en place d'un projet. Mais comme on l'a rappelé en haut, il n'est pas conseillé d'investir toute sa réserve financière d'investissement dans un projet .Ce qui est important c'est les 60% de la RFI .Le reste peut se faire par endettement bancaire.

Plusieurs personnes peuvent s'associer pour mettre en place un projet intéressant et partager les bénéfices qui en découleront. Cela suppose de la confiance et une véritable harmonie entre les associés.

3) **Troisième levier : le suivi**

Il est important de suivre son investissement ou son projet une fois qu'on a décidé de le mettre en place. La comparaison des réalisations et des prévisions permet de prendre d'éventuelles mesures correctives et elle incite les acteurs engagés dans le processus d'investissement à suivre leur budget régulièrement.

Chapitre 6 : Trésor N°5 : La clé richesse- Loi de la Générosité

La générosité est une loi attractive en ce sens qu'elle accroit également la réputation d'une personne dans sa communauté. Un serviteur de Dieu est aussi engagé socialement à aider les autres aussi à se développer .Que ce soit à travers la dime ou le dixième (10%) ou encore le cinquième (20%) de ses résultats annuels nets, la personne doit les consacrer au social, aux dons, et à l'accompagnement des projets des jeunes et à leur orientation dans la vie, à libérer leur génie créateur. La jeunesse est une force pour une nation mais bien souvent elle est délaissée. La générosité ne doit pas être faite à l'aveuglette .Quelqu'un ne peut se dire parce que j'ai de la trésorerie je me permets de la distribuer sans réfléchir. Cela ne marche pas ainsi .Il faut que les dons proviennent d'une source et c'est le travail .C'est pourquoi les dépenses de générosité sont limitées à 10 % ou 20% selon les croyances des résultats nets annuels réalisés. Tout acte de générosité que nous faisons envers une tierce personne qui est dans le besoin, c'est pour nous-mêmes que nous le faisons car tout bien qui est fait est à autrui, Dieu voit et IL nous multiplie cela .Quelqu'un peut décider de consacrer 10 à 20% de sa trésorerie nette annuelle aux activités bénévoles. Il est évident que celui ou celle qui impact positivement dans la vie des autres membres de sa communauté reçoit en abondance des grâces.

Section 1 : Les mérites divins de la générosité

Dans le chapitre 2 du Coran, intitulé la Vache, Dieu recommande l'aumône et nous donne les mérites qui en découle :

« Ceux qui dépensent leurs biens dans la voie de Dieu ressemblent à un grain duquel naissent sept épis, chaque épi donnant cent grains. En effet, Dieu multiplie la récompense à qui Il veut et Dieu est immensément Généreux. Et Il est Omniscient »

Cela nous montre qu'il y des récompenses spirituelles et matérielles lorsque nous faisons des actes de bienfaisance et de générosité.

« Ceux qui dépensent leurs biens dans la voie de Dieu sans faire suivre leurs largesses ni d'un rappel ni d'un tort, auront leur récompenses auprès de leur Seigneur .Nulle crainte pour eux et ils ne seront pas affligés. »

Lorsqu'on fait des dons au profit de quelqu'un ou d'un organisme humanitaire, on ne doit pas se plaindre ou offusquer les bénéficiaires. On doit agir avec désintéressement.

« Une parole agréable et un pardon mieux vaut qu'une aumône suivie d'un tort. Dieu est Riche et Indulgent ».

« O vous qui croyez, n'annulez pas vos aumônes par un rappel ou un tort, comme celui qui dépense son bien par orgueil devant les gens sans croire en Allah et au Jour dernier. Il ressemble à un rocher recouvert de terre : qu'une averse l'atteigne, elle le laisse dénué. Ils ne tireront aucun profit de leurs actes. Dieu ne guide pas les gens mécréants. »

« Et ceux qui dépensent leurs biens, cherchant l'agrément de Dieu, tout en étant convaincus de Sa récompenses, ils ressemblent à un jardin sur une colline : qu'une averse l'atteigne, il double ses fruits, à défaut d'une averse qui l'atteint, c'est la rosée. Et Dieu voit parfaitement ce que vous faites. »

« l'un de vous aimerait-il avoir un jardin de dattiers et de vignes sous lequel coulent les ruisseaux, et qui lui donne toutes espèces de fruits ,et ,qu'un tourbillon contenant du feu s'abatte sur son jardin et le brûle ,alors qu'il est atteint par la vieillesse et que ses enfants sont encore petits ,incapables de subvenir à leurs besoins ?Ainsi Dieu vous explique ses versets afin que vous méditez »

« Le Diable vous fait craindre la pauvreté et vous recommande des comportements répréhensible tandis que Dieu vous promet pardon et faveur venant de Lui. Et Dieu est immensément généreux, et IL est Omniscient. »

La peur de la pauvreté pousse souvent certains à ne pas faire des dons alors que la peur de la pauvreté nait d'un manque de connaissance sur la production de la richesse à partir de l'équation de la richesse.

« Dieu donne la sagesse à qui IL veut. Et celui à qui la sagesse est donnée, vraiment, c'est un bien immense qui lui est donné. Mais seuls les doués d'intelligence s'en souviennent ».

« si vous donnez ouvertement vos aumônes ou dons, c'est bien mais si vous les donniez en cachette aux indigents, c'est mieux encore pour vous. Dieu effacera une partie de vos méfaits. Dieu est parfaitement connaisseur de ce que vous faites. »

« Les aumônes peuvent être destinées aux nécessiteux qui se sont confinés dans la voie Divine, ne pouvant parcourir le monde, et que l'ignorant croit riches parce qu'ils ont honte de mendier .Tu les reconnaitras à leurs aspects. Ils n'importunent personne en mendiant .Et tout ce que vous dépensez de vos biens, Dieu le sait parfaitement»

« Ceux qui de nuit et de jour, en secret et ouvertement, dépensent leurs biens dans les bonnes œuvres pour servir la cause de Dieu .Ils n'ont rien à craindre et ils ne seront pas affligés. »(261 à 274).

Section 2 : La générosité donne le pouvoir

Lorsque la personne prend l'option de faire preuve de solidarité en contribuant au bien être de sa communauté, il nait en lieu un sentiment d'espoir en la vie. Celui ou celle qui prend la décision de devenir riche pour soutenir les faibles cherchera toujours à créer des affaires rentables qui vont lui permettre d'avoir de l'influence dans la société. La générosité a un pouvoir psychologique sur ceux qui en bénéficient.

Section 3 : La générosité accroit la renommé

Celui qui investit également dans le bénévolat pour soutenir sa communauté augmente sa réputation. Il bénéficie d'une position de choix auprès de son entourage ainsi que de la considération. Il est évident que lorsque vous êtes un acteur de développement social, vous apportez beaucoup de changement dans la vie des autres pour améliorer leur quotidien et les aider à s'épanouir à leur tour grâce aux faveurs que Dieu vous a donné en acquérant la connaissance sur l'argent.

Section 4 : La générosité protection contre le malheur

La générosité ouvre les portes du bonheur et est un rempart contre les malheurs. Le bienfait n'est jamais perdu. Celui qui prend à cœur sa responsabilité sociale sait qu'il doit travailler non seulement pour lui-même mais encore et surtout pour impacter sa communauté. Lorsque tu sauves quelqu'un qui est en difficulté, alors toutes ses prières sont comme un rempart pour toi contre les malheurs de la vie.

Section 5 : La générosité une porte au succès

La générosité est une porte ouverte au succès. Celui qui applique la dime ou cinquième de sa trésorerie annuelle nette dans des actions communautaires rentre dans la discipline du succès. Si cela est un leitmotiv pour lui, il sait qu'il doit travailler encore plus pour être un leader qui pousse aussi les autres à agir efficacement dans la société .

Chapitre 7 : Trésor N°6 : La clé richesse- Loi de la Transmission de l'héritage

La transmission de l'héritage est une loi de succès véritable pour assurer la pérennité de ses investissements ou projets d'entreprises. Celui ou celle qui travaille dans le but de léguer un héritage à la génération future dans sa famille réalise un énorme profit pour le futur. Cet état de conscience crée en la personne une obligation de conserver, de multiplier et de transmettre son héritage bâtit pour que ces héritiers prennent la relève.

Section 1 : L'éducation financière des enfants, une préservation de l'héritage

Sans éducation financière des enfants et des membres d'une famille, l'héritage ne saurait survivre au temps .Bien souvent, les enfants ont dilapidé la fortune léguée par leur parent parce ayant été éduqué avec la facilité, sans effort. Ils ont eu tout sur un plateau d'or et d'argent et donc n'ont pas été éduqués moralement, spirituellement et financièrement. Ils pensent que l'argent s'acquiert sans effort. Il est très mauvais de laisser les enfants détruire des années de sacrifices parce que les parents ont manqué à l'éducation de leurs enfants.

Section 2 : L'héritage et la protection de la famille

Nous devons tous travailler à pouvoir léguer un héritage pour notre famille très tôt et cela exige beaucoup de rigueur dans la gestion des budgets comme nous avons vu ci-haut. L'homme qui travaille tout en veillant à laisser de bons héritages à ses enfants protège et met sa famille à l'abri du besoin. Des sociétés familiales comme Ford depuis des centenaires ont profité non seulement à son concepteur Henri Ford mais également, les enfants ont pris la relève et mêmes les petits enfants continuent d'en bénéficier. Cela montre la détermination des créateurs à mettre en place un système industriel, gage d'indépendance financière pour la famille .En plus c'est le nom de la famille qui accroit en renommée car lorsqu'on a réussi à transformer le nom de sa famille en une marque déposée qui vaut des milliards de dollars c'est qu'on a vraiment réussi.

Section 3 : L'héritage et la prospérité familiale

Celui ou celle qui travaille pour léguer un héritage, un patrimoine à sa famille s'inscrit dans une vision à long terme de gagnant .C'est l'homme de vision qui comprend que il faut mettre en place un système d'investissement qui survit même après sa mort et qui peut servir pour la progéniture et même pour ses petits-enfants. Celui ou celle qui a cet état d'esprit produira des baobabs qui vont survivre au temps.

Section 4 : L'héritage, l'art du succès permanent

L'héritage est l'art du succès permanent .Celui qui veut le succès permanent ,doit avoir une grande vision celle de bâtir le futur maintenant .Le fait de constituer un héritage déjà change complètement le mindset du serviteur de Dieu qui sait que à tout moment ,la mort peut frapper à sa porte et par conséquent travailler à laisser un héritage intellectuel ,matériel ou financier à ses descendants .

En réalité le plus grand héritage qu'un parent laisse à ses enfants, c'est l'héritage intellectuel : la connaissance .C'est la connaissance qui crée l'argent donc les parents ne doivent pas négliger l'éducation morale et financière des enfants. L'argent ne pousse pas sur un arbre ,il faut planter les graines ,mettre en place ou créer le processus qui crée l'argent en définissant le concept clé qui répond à l'équation mathématique de la richesse.

Section 5 : l'obligation divine de transmettre un héritage

L'homme sage est celui qui sait produire de la richesse qu'elle soit matérielle, immatérielle, spirituelle ou financière à sa famille. Toujours est-il que ce qu'il donne à sa famille avant de quitter cette terre ce qui doit permettre au membre de la famille de recréer et de redistribuer cette richesse pour les autres générations. Il ne faut pas léguer l'héritage à un fou insoucieux de la vie et qui va le dilapider en une journée. C'est pourquoi, il faut avant tout éduquer les enfants, leurs donner l'amour de la Connaissance. Cette connaissance, il faut la leurs léguer de son vivant. Tout comme je lègue ce livre à ma famille, mes épouses et enfants ainsi qu'à mes frères et sœurs afin qu'ils trouvent à l'intérieur les secrets d'une vie pleine de prospérité. Celui ou celle qui a reçu la connaissance comme héritage peut tout perdre et tout reconstruire .Il reste imperturbable face aux tumultes des vents et des tempêtes .Il marche avec assurance sur Terre. Dieu inspire l'homme en lui donnant la sagesse et la connaissance pour que grâce à elles, l'homme puisse bâtir de solide fondation pour son épanouissement.

Chapitre 8 : Trésor N°7 : La clé-richesse Terre

Le serviteur de Dieu connait l'importance de la terre et sait la valoriser.L'homme a une relation particulière avec la terre en ce sens qu'il est fait de terre et que c'est dans la terre qu'il sera enterré également à sa mort pour rejoindre le monde céleste. Bien souvent, les gens font preuve de négligence envers la terre alors que la terre est un grand bien précieux, un grand trésor laissé par le Divin pour sa créature humaine. Chaque famille se doit de posséder une terre sur laquelle, il trouvera quiétude avec les siens. Un lieu de référence pour sa progéniture .Les biens de la terre sont innombrables car de la terre pousse la nourriture de l'homme .L'investissement dans la terre n'est jamais perdu car la terre nourrit son homme .C'est ainsi que le serviteur de Dieu recherche toujours des moyens pour faire de l'agriculture, cultiver pour se nourrir et servir sa communauté de ce qu'il a produit. La terre regorge de beaucoup de ressources précieuses nécessaires pour l'homme comme les minerais (l'or, le cuivre, le zinc, le fer, le pétrole, le phosphate, le cobalt ...) .L'homme au service de sa communauté doit faire profiter ces ressources à ceux dont il assure la gérance et les transformer sur place car la production seule ne suffit, il faut de la transformation pour développer une économie et pour créer de la richesse dans son environnement. Mais plus important encore c'est l'agriculture pour atteindre l'autosuffisance alimentaire et exporter au reste du monde car même si tu as tout l'or du monde et que tu n'as pas de quoi manger alors ton or ne va point te profiter et tu risquerais de mourir de faim. Il y a des principes d'une bonne gestion de la terre.

Section 1 : La terre, un repère pour les peuples

La terre est le lieu de travail de l'être humain. C'est sur la terre qu'il se construit, c'est sur la terre qu'il produit et cultive ce qu'il doit manger .C'est sur la terre qu'il réalise ses projets .C'est sur la terre qu'il se développe. La terre est un élément vital pour l'Homme et des familles ont légué des terres à leur progéniture durant des décennies. Nous sommes tous attachés à une terre, à une origine où nos ancêtres ont démarré leur aventure et se sont installés pour faire de ce lieu un refuge, un repère. Et c'est pourquoi, nous devons respecter la terre et en prendre soin. Le leader est celui qui valorise sa terre, son village, sa ville, sa communauté, sa nation. Il participe à la vie de sa communauté par des actions de développement. Les parents doivent enseigner à leur enfant l'amour de la terre, de la patrie .Chacun de son côté doit travailler pour faire rayonner l'espace dans lequel il se trouve par le travail et la détermination de rendre heureux son entourage. L'attachement des hommes à leur terre fait que des années après même quand on a été éloignée de sa nation, la nostalgie, le sentiment d'appartenance nous pousse à revenir. Il est alors juste pour le serviteur de Dieu de construire un logis sur cette terre, de laisser une maison à sa famille, de mettre cela en projet. Le besoin de logement est un grand besoin pour l'homme .C'est pourquoi l'homme qui cherche à construire une maison pour sa famille fait un grand bien car il cherche pour les siens une sécurité .Tous les membres d'une société se doivent de protéger leur terre contre l'assaut des ennemis. Cela est un impératif pour la survie d'une nation.

Section 2 : La terre, une puissance agricole

L'agriculture est le système vivant qui a existé depuis la création du monde. Parce que l'homme doit manger, il doit cultiver .Il faut que le serviteur s'engage à produire et consommer ce qu'il mange .La nourriture saine est gage d'une bonne santé. L'engagement de l'homme envers l'agriculture doit être total. La terre nourrit toujours une famille. Nos grands-parents labouraient la terre, produisait du blé, du riz, du manioc, de l'igname, de la tomate, des oignons, des piments, toute sortes de céréales nécessaires à la nation...Ils se sacrifiaient pour que la terre cultivable soit mise en valeur .C'est notre devoir de reprendre les choses en main et de passer à une révolution verte. Une nation qui importe plus de 90% des denrées de premières nécessités ne pourrait survivre à long-terme .En plus de cela la recherche de l'indépendance alimentaire entraine également une indépendance financière dès lors que la production nationale est distribuée dans la communauté. C'est pourquoi des systèmes communautaires agricoles doivent être créés afin que les biens de premières nécessités soient produits, transformés et distribués sur le plan local. Les leaders doivent veiller sur cela car on ne demande pas aux gens d'être tous des éleveurs ou des cultivateurs, ce qu'on demande c'est que le serviteur s'investit davantage dans le développement agricole. Il faut aller vers des initiatives de solidarité afin que des villages agricoles puissent être mise en place .Les leaders doivent avoir comme vision d'être une puissance agricole. L'Afrique dispose de plus de 70 % des terres cultivable dans le monde mais, la terre est inexploitée .Elle utilise à peine 5% de ces terres pour son agriculture alors que pour sa propre survie, elle se doit d'augmenter ses investissements en faveurs de l'agriculture et de contribuer au rayonnement du secteur agricole et de la transformation industrielle.

Celui qui produit par exemple la canne à sucre en visant l'objectif de transformation en sucre pour la distribution locale et l'exportation s'enrichi encore plus.

Celui qui produit de l'arachide pour la transformer en huile alimentaire pour la consommation saine s'enrichit également

Celui qui produit de la tomate pour la transformer en pate de de tomate pour la consommation locale et l'exportation s'enrichi également.

Celui qui a des champs de raisin, de pastèques, de citron, de goyave, d'oranges, de cacao, de mandarine, de pommes et transforme ses fruits en de bon jus de fruits ou en boisson de toute sorte délicieuse et saine pour le marché local s'enrichi et enrichis sa communauté.

Celui qui a des bétails de vache pour la production de lait et met en place un bon système de transformation s'enrichi.

Il y a beaucoup de personnes qui deviendront encore millionnaires grâce à la puissance de la terre. Ne négligeons pas notre terre et prenons en grand soins.

Section 3 : La terre, réservoir de richesse

La terre est un réservoir de richesse .Le continent africain est un continent très riche en ressources naturelles (l'or, le phosphate, le cuivre, le fer, le zinc, le cobalt, le pétrole ...).La majorité de ces ressources sont exportées vers l'extérieur alors que la valeur ajoutée est beaucoup plus grande quand la transformation est opérée sur place. La création des raffineries doit être une priorité pour les dirigeants et les leaders afin de faire profiter les richesses à leur communauté. L'équation de la richesse est exponentielle en cas de création d'industrie minière par exemple .Lorsque l'or est produit et transformé localement elle acquiert plus de valeur. Il faut que les alliances soient créées pour faire profiter les avantages de l'industrialisation à la communauté. Il n'est pas logique de disposer des matières premières et d'aller acheter des produits finis ailleurs. Il faut renforcer les partenariats afin de faciliter le transfert des technologies de productions sur le marché local. On ne demande pas à une seule personne par exemple de produire une raffinerie mais en partenariat avec l'Etat, le secteur privé également, tous doivent se mobiliser à travers des regroupements d'investisseurs ou des sociétés communautaires pour détenir les exploitations minières.

Section 4 : La terre, une garantie financière

La terre est une énorme garantie pour celui ou celle qui possède un terrain qu'il met en valeur que cela soit pour la réalisation d'infrastructure immobilière ou encore pour la transformation agricole ou encore pour la promotion immobilière en construisant des maisons en location-vente. C'est un système qui génère de la liquidité. Bien souvent, les institutions financières exigent des garanties pour accorder des financements d'investissements à long terme. Le fait d'avoir une garantie hypothécaire est une assurance pour la banque d'accorder du crédit au promoteur du projet immobilier.

Section 5 : La terre, un patrimoine familial

La terre est un patrimoine pour les familles qui composent une nation. Chaque famille doit posséder alors une portion de terre pour sa sécurité. Le patrimoine de la famille peut être protégé par l'investissement dans la terre, sa valorisation. Les parents doivent motiver leurs enfants à travailler pour en posséder s'ils n'ont pas pu en avoir. Car ce qui est important, c'est l'état d'esprit de la famille et sa vision. Le patrimoine immobilier légué par des parents est un gage de prospérité pour les enfants s'ils en font un bon usage. Bien souvent, les enfants se déchirent pour vendre le patrimoine immobilier de la famille et partager les rentes .Mais cela arrive souvent à cause d'un manque d'éducation. Il faut pousser les enfants à vivre toujours en harmonie et à préserver et augmenter le patrimoine de la famille .La solidarité familiale est un élément clé de la préservation de l'héritage immobilier.

Conclusion

Devenez riche avec les clés des trésors divins .C'est à la portée de tous, les puits de la richesse car Dieu a gratifié sa créature de l'intelligence et de la raison et de l'esprit de créativité. Personne ne doit limiter ses capacités tant qu'il a Dieu à ses côtés. Ce livre est un précieux cadeau pour celui ou celle qui veut s'enrichir à partir des clés des Trésors Divins .Nous devons savoir avant toute chose que chacun de nous est une belle créature divine. Cette belle créature divine ne génère que du bon et donc elle a en ses mains toutes les clés des trésors de la richesse avec l'accompagnement de l'Invisible pour son bonheur. Une fois que cela est compris, la belle créature de Dieu rentre dans l'univers de la richesse spirituelle, sociale, matérielle et financière grâce aux clés qui se trouvent dans ses mains. C'est alors qu'en accédant à la clé de la connaissance, il élargit ses capacités et sait que toute chose existe par la connaissance. Il y a de la puissance et du pouvoir dans la connaissance. Ensuite, il tient la clé de la richesse travail. Le travail qui nourrit son homme qui est déterminé et persévérant à offrir un service de qualité en toute discipline à son maitre et à produire également un travail individuel pour sa propre prospérité. Après il découvre la troisième clé de la richesse établit par l'équation mathématique de la richesse qui est universelle qui est le produit du bénéfice unitaire par la quantité vendue. Toutes ses branches d'actions pour devenir riche sont orientées vers cette équation universelle .Ils découvrent à travers cette équation mathématique de la richesse les systèmes d'enrichissement comme les systèmes de richesse basée sur Internet, des systèmes basé sur l'innovation, les systèmes d'enrichissement basé sur la créativité et l'imagination. Il est conscient de sa capacité à produire un bien ou un service, à le transformer de la meilleure des façons et à le distribuer à des millions de personnes .Il a compris que l'équation de la richesse s'établit sur une échelle des grandeurs .Plus il a de l'impact dans sa communauté ou dans le monde plus, il vend ses produits et services. Ce livre lui permet de découvrir également les réserves financières d'investissement comme des réserves de sécurité obligatoire que l'individu doit produire pour préserver son patrimoine et le faire fructifier davantage. En poursuivant il découvre que la cinquième clé de la générosité lui donne encore plus d'impact positif dans sa communauté, lui donne un pouvoir considérable, impérissable et qui profitera à ses descendants. Ces derniers reçoivent la clé de la transmission de l'héritage. Il comprendra enfin que la terre est un grand bien qu'il faut valoriser.

Note sur l'Auteur :

V. Armand NOUATIN est un Expert Financier et Investisseur. Ce Consultant et Manager spécialiste de la finance de développement apporte ses expertises et conseils en éducation financière aux particuliers et aux entreprises afin qu'ils soient plus performants. Son livre, **Devenez riche avec les clés des Trésors Divins**, redonne confiance à n'importe qu'elle personne qui décide de puiser dans les trésors divins de la connaissance en détenant les clés de la richesse et du bonheur pour soi-même, sa famille et sa communauté. Il invite ses lecteurs à puiser abondamment dans l'équation de la richesse pour créer un système d'enrichissement durable.

N'hésitez pas à lui écrire sur son adresse mail : **armandnouatin@yahoo.fr**, pour tous vos besoins, suggestions ou conseils de sa part pour vous guider dans la gestion de vos finances.

Prenez soin de vous et sachez que je vous aime.

Bibliographie :

1. Georges S. Clason (2012), *L'homme le plus riche de Babylone,* Editions BN Publishing, 129 pages.
2. MJ DeMarco (2011), *L'Autoroute du Millionnaire,* Editions Viperion Publishing Corporation & Editions Contre-Dires, 2018, pour la traduction française ,482 pages.
3. Napoléon HILL (1928), *Les 16 Lois du Succès,* Editions Originales de 1928-Domaine Public & Editions IAB 2008 pour la traduction française, 782 pages.
4. Zig Ziglar (1974), *Rendez-vous au Sommet*, Editions Un Monde Différent, 186 pages.
5. Patrick Armand Pognon (2016), *L'Argent Partout et Toujours-Tout sur l'Argent et l'Entreprise Sans Financement,* Edition Africoachs, pages 99.
6. Ricardio Kanamia (2020), *La Chèvre de ma Mère-Le Secret de la prospérité financière*, Editions International Success Training Center-ISTC, 208 pages.
7. Achille Wealth PhD (2010), *Al Hadji Aliko Dangote Biographie du Titan des Matières premières-Les 21 Secrets de la Réussite en Affaires Tirés du Parcours Légendaire de l'Homme d'Affaires Noir le plus riche du Monde*, Editions Le Maître, 97 pages.
8. Robert Kiyosaki (2008), *Augmentez votre intelligence financière*, Editions Un Monde Différent, 301 pages.
9. Robert Kiyosaki (1998), *Le Quadrant du Cash-Flow-Un Guide pour atteindre la Liberté Financière*, Editions Un Monde Différent, 178 pages.

10. Robert Kiyosaki (2004), *Père Riche Père Pauvre,* Editions Un Monde Différent, 336 pages.
11. Robert Kiyosaki (2006), *Avant de quitter votre emploi,* Editions Un Monde Différent, 288 pages.
12. Robert Kiyosaki (2005), *L'Ecole des Affaires-Pour les gens qui aiment aider les gens* , Editions Un Monde Différent, 224 pages.
13. Robert Kiyosaki (2012), *L'Entreprise du 21ème siècle,* Editions Un Monde Différent, 192 pages.

Printed by Books on Demand GmbH, Norderstedt / Germany